DOSTON XAMIDOV

O'ZBEK MILLIY MUSIQA SAN'ATI VA MADANIYATI TARIXI

Ilmiy asar

© Taemeer Publications LLC
O'ZBEK MILLIY MUSIQA SAN'ATI VA MADANIYATI TARIXI
by: Doston Xamidov
Edition: February '2024
Publisher:
Taemeer Publications LLC (Michigan, USA / Hyderabad, India)

ISBN 978-93-5872-398-4

© Taemeer Publications

Book	:	O'ZBEK MILLIY MUSIQA SAN'ATI VA MADANIYATI TARIXI
Author	:	Doston Xamidov
Publisher	:	Taemeer Publications
Year	:	'2024
Pages	:	172
Title Design	:	*Taemeer Web Design*

Toshkent-2024

Mazkur "O'zbek milliy musiqa san'ati va madaniyati tarixi" ilmiy asari mazmunida musiqa madaniyatining qadimgi davrlardan boshlangan tadriji, G'arbiy Yevropa musiqa san'atida shakllangan kompozitorlik ijodiyotining asosiy rivojlanish bosqichlari, klassik kompozitorlarning hayoti va ijod yo'li, opera va simfoniya janrlarining tasnifiy belgilari, o'zbek xalqi musiqa merosi, kasbiy musiqa ijodiyoti, shuningdek, bastakorlik ijodiyotining o'ziga xos an'analari o'rganiladi. Ushbu musiqa san'ati va madaniyatiga oid ilmiy asardan maxsus oliy ta'lim muassasalarining o'quv jarayonlarida foydalanish mumkin.

Mas'ul muharrir: Xamdam Ismoilov
filologiya fanlari nomzodi, dotsent

Taqrizchilar: Abdusalom Umarov
sotsiologiya fanlari doktori, professor

SO'Z BOSHI

Ushbu ilmiy asarda "Chet el musiqasi tarixi", "Rus musiqasi tarixi" va "O'zbek musiqasi" nomli uchta asosiy bobdan iborat bo'lib, ularning mazmunida kompozitorlik ijodiyotining asosiy tadrijiy bosqichlari, klassik kompozitorlarning hayoti va ijod yo'li, opera va simfoniya janrlarining tasnifiy belgilari, o'zbek xalqi musiqa merosining ikki asosiy qatlami – musiqiy folklor va va kasbiy musiqa ijodiyoti, asosiy janrlar tarkibi, milliy cholg'ularning guruhlanish asoslari, bastakorlik ijodiyotining o'ziga xos an'analari kabi mavzular bayon etiladi.

Ilmiy asarning birinchi va ikkinchi boblaridan o'rin olgan mavzularni bayon etishda V.Galatskaya, R.Gruber, M.Druskin, Y.Keldish, B.Levik, Z.Mirhaydarova, Y.Nosirova, A.Trigulova, R.Tursunova, A.Qo'shayev, G.Tursunova, L.O'rmonova va boshqa mualliflar tomonidan turli yillarda nashr etilgan o'quv qo'llanma va darsliklar mazmunidan foydalanildi.

Uchinchi bob mazmunini tashkil etgan "O'zbek musiqasi" mavzulari xalq musiqa ijodiyoti janrlari yoritilib, so'ngra og'zaki an'anadagi kasbiy musiqa janrlari (ashula, katta ashula, maqom va boshqalar) hamda O'zbekiston kompozitorlarining musiqali drama, opera va simfonik asarlaridan namunalarni o'rganish nazarda tutilgan.

1-mavzu. Kirish. Musiqa – ijtimoiy ong shakli.

Musiqa – barcha san'at turlari ichida alohida maqomga ega bo'lishi bilan birga televideniye, radio, teatr, tasviriy san'at va boshqa barcha san'at turlarining ajralmas qismidir. U o'zining ta'sirchan tabiati bilan bo'lg'usi soha xodimlarini tarbiyalashda beqiyos ahamiyat kasb etadi.

Musiqadagi ifoda vositalari (garmoniya, kuy, tembr, dinamik ohanglar va h.k.); musiqa janrlari: vokal, raqs, simfonik, kamer, dasturli, tasviriy; musiqalidramatik janrlar: opera, balet, operetta, vodevil, myuzikl; vokal-simfonik janrlar: oratoriya, kantata, messa, rekviyem; cholg'u musiqasi janrlari: sonata, trio, kvartet, kvintet, konsert va boshqalar har bir semestrga ajratilgan mavzular doirasida atroflicha o'rganishni nazarda tutadi.

Ushbu o'quv qo'llanma "Chet el musiqa tarixi", "Rus musiqa tarixi" va "O'zbek musiqasi tarixi" nomli uchta asosiy bobdan iborat bo'lib, ularning mazmunida kompozitorlik ijodiyotining asosiy tadrijiyot bosqichlari, klassik kompozitorlarning hayot va ijod yo'li, opera va simfoniya janrlarining tasnifiy belgilari, o'zbek xalqi musiqa merosining ikki asosiy – musiqiy folklor va kasbiy musiqa ijodiyoti, asosiy janrlar tarkibi, milliy cholg'ularning guruhlanish asoslari, Shashmaqomning umumiy tuzilishi, bastakorlik ijodiyotining o'ziga xos ana'analari kabi mavzular bayon etiladi. Bunda eng avvalo musiqiy folklore aytimlari o'rganilib, so'ngra nisbatan murakkab janrlar (ashula, katta ashula, maqom va b.) hamda mustaqillik davri musiqasiga e'tibor qaratiladi.

Musiqa – ijtimoiy ong shakli

Musiqa san'ati tarixini o'rganishga qadam bosayotgan inson uchun musiqa hayotidagi uzoq davom etgan jarayon va to'xtovsiz yuksalish namoyon bo'ladi. Musiqa qachon va qanday yaratilgan? Bu savolga javob berish uchun insoniyatni tarixiga e'tiborimizni qaratamiz. Savol javobsiz qoladi. Bundan ajablanmasa ham bo'ladi, chunki boshqa san'atlar (raqs, rassomlik san'ati) kabi musiqa san'atining rivojlanishi asta-sekinlik bilan paydo bo'la boshlagan. Musiqa, raqs, rassomlik san'ati uzoq vaqt ko'zga tashlanmasdan san'atga aylanib bordi. Chunki bu yo'lda inson o'zligini topishi kerak edi, bu jarayonda o'z ongi bilan boyitilgan mehnati uni hayotida to'plagan tajribalari, o'zini o'rab turgan atrof muhitga bo'lgan faol aloqasi yotadi.

Ibtidoiy hayot tuzumi insoniyat tarixida uzoq iz qoldirdi. Fanimiz ma'lumotlariga qaraganda, musiqa madaniyati arxeologik qazilmalarida ibtidoiy odam tomonidan rasmlarda chizib qoldirilgan. Xalqlar hayotini o'rganishda bugungi kunga kelib, rivojlanish ilk bosqichda bo'lgan. Zamondoshlarimiz tushunchasiga ko'ra ibtidoiy odamlarni badiiy ijodi san'atga kirmas edi. Ularni ijodi mustaqil ish faoliyati bilan unchalik ajralib turgan. Boshqa hayotiy omillar bilan organik bog'liqlik bo'lgan va tajriba maqsadida bo'ysundirilganlar. Lekin san'at boshidan o'zida o'ziga xos xususiyati bilan insonlarning his-tuyg'ularini ifodalash bilan bog'liq edi.

San'at insonga xos ma'naviylik boshlanishiga diqqatni jalb qilish: bu faoliyat foydali tajribagina emas, balki, insondagi ochilmagan qobiliyat, iste'dodni yaratilishida yuksaklikka, go'zallikka intilishiga xizmat qiladi.

Ibtidoiy odamni dunyo qarashi uni hech qachon tark

etmagan, u qo'rquv hissida shakllangan. Uni o'rab turgan dunyo uning uchun yashirin dushmanlik, adovat bilan to'la edi. Hayotda yashab qolishi uchun insonga shaxsiy sifatlaridan tashqari kuch, chidamlilik, abjirlik, chaqqonlik, fahmlash kerak bo'lgan.

Eng katta tayanch bo'lib unga avlodlari tomonidan biriktirilgan, qattiq tarbiya ostiga olingan xulqi, "tabu" so'zi ishlatilgan va orttirilgan tajribalari xizmat qilgan. Bunday jamoa ko'rinishlari ibtidoiy odamni ongini muqarrarladi.

Ibtidoiy odam qushlar va hayvonlar, daraxtlar va o't-o'lanlar, daryolarni quyilishidan tortib dahshatli bo'ronlar haqida ham ko'p narsani bilardi. Uni yovvoyi hayvonlarni tasvirida (naskal qo'lyozmalari masalan: Altamir g'ori) haqidagi aniqlik bilan naturadan, rakursni keskinlik bilan dinamizmdan foydalangani odamni lol qoldiradi. Lekin u ichki bog'lanishni sezmagan, ko'rolmagan edi. Chunki unga bular hammasi fantastik ko'rinishda ko'ringan edi. Ibtidoiy odam predmetlar o'ziga xos ko'rinishga ega bo'lib qolmay, balki yashirin ko'rinishga ega deb qattiq ishongan. Predmetlar qandaydir mistik kuchlarga ega va hayot uchun muammolarni hal qilishga qodir deb o'ylagan. Uning xayolida real va g'ayrioddiylik bor edi va unisigayam bunisigayam chegara yo'q edi. Uning o'y fikrlari hozirgi zamon odamlaridan keskin farq qiladi. Inson narsalarni mohiyatini tub mazmuniga ongi bilangina emas, balki sezgisi bilan kirib borgan.

Ular ikkiga bo'lingan:

"Yaxshilik istovchi sahovatlilik" va "Yovuzlikka bo'lgan moyillik" bular halokatga, yemirilishga olib keladi. Musiqa har kungi kun bilan bog'liq bo'lgan.

Musiqaning o'rni odamlarni birlashtirish, ularni umummehnatga chorlashga qaratilgan edi. Jangovor hayqiriqlar, qo'shiqqa o'xshab kuylash ov jarayonida hayvonlarni qopqonga tushirishda ulkan vosita bo'lib xizmat qilgan bo'lsa, qushlarni kuylashiga o'xshagan xush ohangli xushtak chalish ovchilarni yovvoyi qushlarni tutishda yordam bergan. Musiqaning bunday vositachilik sifatidagi o'rni keyinchalik turli jarayonlarda, yer bilan ishlash, dehqonchilikda mehnat qo'shiqlarini yaratilishiga asos bo'ldi. Lekin ibtidoiy odamlar musiqani g'ayritabiiy kuchlar boshqaradi deb o'ylashgan va musiqada yomon yovuz kuchlardan saqlaydigan, boshlangan ishga muvaffaqiyat keltiradigan omil sifatida qaraganlar. Ular shu qadar ishonganlarki, masalan: hayvon terisini yopinib, qo'shiq aytib, hayvonlarga o'xshab raqsga tushsa ularni o'z tomonlariga og'diradilar deb ishonganlar.

Hayvon bilan olishayotgan, hayvon terisidan yasalgan qo'g'irchoqqa yoy otishayotgan pantomimani tasvirlab o'zlariga ovda omad keltiradi deb o'ylaganlar. Musiqa, raqs, pantomima muqaddas marosimlar ularni hayotiy tayinlanishi, bular hammasi bo'linmas bir birlik edi. Bu yerdagi "o'yinlar" mohiyati: qatnashchilarga xursandchilik keltirishi va estetikani boshlanishiga olib keladi. San'atni bizga kirib kelishi aynan mana shunday boshlanadi – sinkretik, butunligicha.

Musiqaning boshlang'ich shakllanishi kuylashni boshqatdan ko'rib chiqish bilan bog'liq. O'z ovozini egallash jarayoni juda uzoq va qiyin bo'lgan. Xaotik, Glissandr ohanglaridan asta-sekin kuylarga o'ta boshlangan. Kuylar aniq ohanglar balandligi bilan chalingan. Cholg'u musiqasi keyinroq paydo bo'lgan. Yangi va zamonaviyroq mehnat qurollari, musiqa cholg'u asboblari insonning ish faoliyati jarayonida paydo bo'la boshladi. Hammasidan oldin urma-zarbli cholg'ular paydo bo'ldi. Odam harakatlarida uni o'rab turgan narsalar: ular tosh plitalar hayvonlar suyagidan ham foydalanganlar. Keyin puflama soz paydo bo'ldi (qamish, hayvon og'zi). Va nihoyat, torli sozlar paydo bo'la boshladi.

Cholg'u asboblarining qanchalik rivojlanishiga qaramay eng birinchi o'rinda qo'shiq muhim ahamiyatga ega edi. Aynan shu yerda muhim tanlov, musiqa tilini elementlari tanlanayotgan edi. Tartibsizlik, tasodifiylik o'rniga hamjihatlilik, tartiblilik kelgan edi. Har xil mehnat, urush, alla va boshqa janrlardagi qoʻshiqlar shakllana boshladi. Koʻp ovozli qoʻshiqlar, xor (burdon kuylari) paydo boʻldi. Odamlar xotirasida badiiy goʻzallik bilan boyitilgan qoʻshiqlar saqlanib qoldi.

Tayanch soʻz va iboralar: Musiqa sanʼati, sanʼat turlari, opera, simfoniya, ong, sezgi, qobiliyat, istedot.

Mavzu boʻyicha savol va topshiriqlar

1. Musiqaning paydo boʻlishi xususida nimalarni bilasiz?
2. Ilk musiqa madaniyati haqidagi koʻpgina manbalarning arxeologik topilmalarda namoyon boʻlishi xususida nimalarni bilasiz.
3. Ibtidoiy odam kundalik hayotida musiqaning tutgan oʻrni nimalarda namoyon boʻldi.
4. Musiqa sanʼati insoniyatning madaniylashuvidan iboratdir deganda, siz nimani tushunasiz.
5. Musiqaning rivojlanish jarayonlari xususida gapirib bering.
6. Mehnat qoʻshiqlarining paydo boʻlishi xususida gapirib bering.
7. Ilk bor qanday musiqa cholgʻulari paydo boʻldi?
8. Musiqada ashulaning oʻrni qanday boʻldi.
9. Musiqa sanʼatida ashula va cholgʻu musiqasining oʻzaro bir-birini toʻldirib borishi nimalarda namoyon boʻladi.
10. Musiqa sanʼatining boshqa sanʼatlar bilan bogʻliqligi nimalarda namoyon boʻladi

I BOB. CHET EL MUSIQA TARIXI.
2-mavzu: Qadimgi davr musiqa sanʼati
Reja:

1. Qadimgi Misr va Shumer-Bobil musiqa madaniyati.
2. Qadimgi Xitoy va Hindiston musiqa madaniyati.
3. Qadimgi Gretsiya musiqa madaniyati.
4. Qadimgi Yunon va Rim musiqa madaniyati.

Insoniyat tarixidagi qadimiy musiqa madaniyatlari Sharqda yuzaga kelgan Vavilon, Urartu, Yegipet, Finikiya mamlakatlarida shakllangan edi. Bu haqdagi ma'lumotlar eramizdan avvalgi IV – III asrlarga to'g'ri kelib, ularning tarixi juda katta davr – 30-40 asrlarni qamrab oladi.

Qabila bo'lib xalq orasida yashaydigan qullar ustidan hukmronlik, dengizda, orollarda talonchilik, yovvoyilik paydo bo'la boshladi. Qadimiy davlatlar uzoq vaqt ibtidoiy hayot tarzini saqlab yurdilar. Lekin yangi davlat – ishlab chiqarishni yangi kuchini-qullik mehnatini boshqardi. Qullik juda katta qurilishlarga sabab bo'ldi. Qadimiy davlatlarda saroylar, ehromlar, kemalar qad ko'tardi. Bu yerda birinchi bo'lib, fan, astronomiya, matematika, meditsinaga tamal toshi qo'yildi. Qadimgi yozuvlar (vavilon mixxati, yegipet iyeroglif xatlari) paydo bo'ldi. Inson ongida ham ancha o'zgarishlar yuz berdi. Inson birinchi bor yerdagi qimmatbaho boyliklarni yaratuvchisiman deb o'ziga baho berish bilan birga, tabiat bilan raqobatlashaman deb o'ylay boshladi. O'sha davrda mamlakatlarda har xil afsonalar to'qilgan. Jumladan, maxluqlarni yenggan mard bahodirlar, xudolarni sirini ochgan qahramonlar haqida juda ko'p afsonalar tarqatishgan. Masalan, (vavilonlarda Gilgamesh, greklarda Prometey). san'at bu chegarasizlik hukmronligi ustidan g'olib keldi. Qulchilik davrida mamlakatlarda san'at professional darajagacha yetib bordi. Bunda rassomlar, arxitektorlar, musiqachilar mehnati alohida o'rin egallab, bunday badiiy qimmatbaho narsalar yaratuvchisi, ustalar turli imtiyozlarga ega bo'lishdi.

Boshqa san'at turlari singari musiqa ham bevosita saroyga xizmat qilganligi bizga tarixdan ma'lum. Musiqa – diniy marosimlarga, saroydagi marosimlarga o'zgacha yorqinlik, zavq-shavq, hashamatlilik ko'rsatishi kerak edi.

Qo'shiq va raqslar avloddan avlodga o'tib, avvalgidek odamlar hayotining bir bo'lagi bo'lib qoladi. Shunday qilib, san'at ikkiga bo'lingan: xalq san'ati va professional san'at. Vavilon, Siriya, Misr va Qadimgi Sharq davlatlarida juda katta professional musiqachilar ansambllari bo'lgan.

Cholg'ulardan eng ko'p rivojlangan urma-zarbli cholg'ular

(katta va kichik barabanlar, tarelkalar va boshqalar), puflama-damli cholg'ular (fleyta, truba, shox, sibizg'a), torli-kamonli cholg'ular (arfa, lira, lyutnya). Bu cholg'u asboblari juda ko'p davlatlarda har xil turda bo'lgan.

San'at mashhur boy zodagonlarning uylarida o'yin-kulgu, qo'shiq raqs, cholg'u sozlarida chalish bilan birga insonga xursandchilik olib kelishda, hayotda zavqlanishga olib keldi va gullab yashnadi. Qadimiy san'at madaniyati sinkretizm ruhida sug'orilgan. Musiqa avvalgidek so'z bilan qo'shiq o'yin, pantomima bilan hamohang yurdi. Qadimgi Misr – Oziris xudosiga bag'ishlangan misteriyasida sinkretik xarakter yotadi. Bu teatrlashtirilgan ko'rinishda, uning o'limi va qayta tirilishi tarixi ko'rsatilgan. Ular marosimli raqslar, aza-yig'i qo'shiqlarini qo'shishgan. Musiqa tili ham boyidi. Qadimgi Iudeyada masalan: xor antifon kuylashlar (xor ikkiga bo'lingan bir-birlariga qarama-qarshi gruppalar ketma-ket, navbatma-navbat chiqishgan). Ehrom bayramlarida ohanglarni yorqin, samarali, hashamatli chiqishiga ahamiyat berishgan. Yakkaxon kuylash qayta ishlab chiqilgan. Yakkaxon kuylashni ajoyib namunalaridan biri bu – mashhur David psalmasidir. Injil bizgacha undagi matnlarni yetkazib bergan, lekin ular shoirona – musiqali asar sifatida yaratilgan. Kuylar jo'rlikda cholg'u sozlarida ijro etilgan. Bu tariqada kuylash psalmalashtirish deb atalgan. [1]

Bu davrning badiiy amaliyotida musiqa tilini keyingi rivojlanishi sodir bo'la boshladi. Pentatonika keng tarqala boshladi, melos turli tarzda shakllanib bordi, cholg'ularning tembrlaridan yorqinroq foydalanila boshlandi.

2.1. Qadimgi Misr va Shumer-Bobil musiqa madaniyati.

Qadimgi Misr musiqa madaniyatining ildizlari miloddan

---

[1] Romen Rollan. Gendel. 20 jildlik asarlar to'plami, 17-jild. – L., 1935, 11-b.

avvalgi toʻrtinchi ming yilikni oxiri, uchinchi ming yilikning boshlariga borib taqaladi. Bizgacha yetib kelgan maʼlumotlarning asosiy qismini madaniyat yodgorliklari tashkil qiladi. Jumladan, cholgʻu asboblar, ikonagrafik materiallar (barelyef va boshqa tasvirlar), madhiyalar va qoʻshiqlarning soʻz matnlari, qadimgi Yunon va Rim olim faylasuflarining qoʻl yozmalari bundan dalolat beradi. Qadimgi Misr musiqasi saroy va haram ibodatlarida yangragan edi. Shu bilan birga musiqa turli toifaga mansub insonlarning dam olish vositalaridan biriga ham aylandi. Shu bois Misrda musiqa "xi" yaʼni "orom olish" soʻzi bilan nomlanishi tabiiydir. Jamoa sinflanishi davridan avval quyidagi asboblar mavjud edi: qoʻngʻiroqchalar, sistr, kolotushka hamda aerofonlarni ilk shakllari – hushtak, fleyta. Ilk, Qadimiy va Oʻrta podsholik davrida (miloddan burun 3000-1700 asrlar) qamishdan yasalgan nay, uffata fleytalari, truba, arfa, turli xil barabanlar, shiqildoq asboblari amalda qoʻllanilgan. Bu davrda piktografik notalashtirish va musiqani koinot jismlari bilan bogʻlash nazariyasining ilk namunalari paydo boʻladi. Misr ibodatxonalarida oʻtkazilgan marosimlarda musiqa namunalaridan keng foydalanilgan. Bu borada xudolar - Osiris, Isida, Tot (ular musiqa sanʼatini yaratuvchilari deb hisoblanadi)ga bagʻishlab oʻtkazilgan ibotatlar alohida qayd qilinadi.
Yangi podsholik davrida (miloddan avvalgi 1580-1070 asrlar) Qadimgi Misr musiqasi Osiyo, xususan Siriya taʼsiri ostida rivoj topdi. Musiqa cholgʻulari – goboy, uchburchakli arfa, lira, lyutnya, kifara va boshqa asboblar bilan boyitildi. Koʻp cholgʻularni mukammal tuzilishi toʻliq xromatik tovushqatorni amalda qoʻllash imkonini yaratib berdi. Yunon-rim taʼsiri ostida esa Misrda (miloddan burun 332-395 yillar) keng miqiyosda avlos, koʻndalang fleyta, buksina, turli xil lira, lab-garmonikasi, baraban va boshqa asboblaridan foydalanildi. Miloddan burun III asrda

Aleksandriyada gidravlos cholg'usi kashf qilindi.[2] Ikki daryo oralig'ida joylashgan qadimgi davlatlar (miloddan avvalgi 3 ming yillik – 1 ming yillik) Shumer-Bobul va Assiriyaning musiqa madaniyati o'z navbatida qo'shni madaniyatlar (Osiyo, Afrika, Janubiy-Yevropa) rivojiga ham ta'sir qildilar. Shumer-Bobul va Assiriyada - bugri arfa, arfa shaklidagi lira, lyutnya, ko'ndalang fleyta, juftli goboy, baraban cholg'ularidan foydalanishgan. Musiqa bu davlatlarning saroy va diniy hayotida katta o'rin egallagan. Musiqachi (erkak va ayol) lar ijtimoiy tabaqalanishda xudolar va podsholardan keyin turgan. Bu xalqlar musiqani sehrli kuchiga (Ishtar xudosi haqidagi mif) ishonganlar. Musiqiy – nazariy ilm astrolyogiya ta'siri ostida rivoj topdi. Besh va yeti raqamlariga alohida e'tibor berilgan: masalan, 5 pog'onali angemiton va 7 pog'onali diatonik tovush qatorlar hamda 5 - 7 torli arfa mavjud bo'lgan.

2.2. Qadimgi Xitoy va Hindiston musiqa madaniyati.

Ilk bor Xitoy musiqasi haqidagi ma'lumotlar (afsona va miflar) miloddan avvalgi 4-3 ming yillik, qadimgi marosim musiqasi haqidagi ma'lumotlar miloddan avvalgi XVI – XI asrlarga taaluqlidir. Miloddan avvalgi XI – VIII asrlarda an'anaviy marosim orkestrlari tashkil qilingan. Orkestr tarkibiga: byansin litofonlari, byanchjun mis qo'ngiroqchalari, turli-xil qo'ng'iroqlar (ular qatorida xunchjun, goudyao, yun, bo), gu barabanlari, syuan sopol nog'orasi va boshqa asboblar kirgan. Qo'shiqlar kitobi "Shitszin" (miloddan burun XI – VI asrlar) - Xitoyda ashulachilik ijod shakllari rivojining dalilidir. "Shitszin"da jovdu qo'shiqlar, oda (chjen-ya, syao-ya)lar va madhiya(sun)lar yig'ilgan. Chjou davrining kechki pallasida (miloddan avvalgi V – III asrlar) konfusiy doktrinasining ta'siri ostida saroy marosimlar tizimi shakllanib bordi. Ushbu tizimda ashula va cholg'u namunalarining ketma-ketligi

---

[2] Romen Rollan. Gendel. 20 jildlik asarlar to'plami, 17-jild. – L., 1935, 11-b.

belgilandi. Saroyda musiqa va marosimlarni tashkil etuvchi "Dasiyue" jamoasi tuzildi. Xan davridan boshlab to Shimoliy va Janubiy podsholik (miloddan avvalgi 206 yildan – milodimizning 581 yili) davrigacha Xitoy musiqasi boy madaniyatga ega boʻlgan. Jumladan, saroy musiqa san'atining asosiy turlari oʻrnida konfusiy ibodat marosim musiqasi ya-yue va saroyda orom olish uchun moʻljallangan musiqa su-yue ("oddiy xalq musiqasi" bir necha mahalliy turlarida namoyish etilgan) rivoj topgan. Koʻp tarkibli (300-800 cholgʻuchilardan iborat boʻlgan) an'anaviy orkestr shakllangan. Bunda orkestr tarkibiga kirgan cholgʻular 8 guruhga ajratilgan. Torli asboblarda (sin, pip) yakkasoz ijrochilik san'ati ham rivojlangan boʻlib, Su Chjipo, Szi Li, Li Yanyan mashhur ijrochi va maktab asoschilaridan boʻlgan. Suy va Tan sulolasi hukmdorlik qilgan davrida (581-907) qadimgi Xitoy musiqa madaniyati yuksalish pallasiga oʻtadi. San'atda bu davr - tan uslubi deb nom oldi. Saroy musiqasi ikkita asosiy janrlar li-puchi ("ochiq havoda ijro etiladigan") va so-puchi ("xonaki ijro") turida rivoj topadi. Ular oʻz ichiga ya-yue, su-yue, bayram tadbirlarida ijro etiladigan musiqa yan-yue, cholgʻu musiqa xu-yue, harbiy musiqa kuchuy, teatr musiqasi san-yue, sin uchun musiqa sin-yue. Yan-yue orkestrining cholgʻulari tarkibiga Xitoy asboblaridan tashqari Hindiston, Koreya, Markaziy Osiyo davlatlari va boshqa xalqlar musiqa asboblarini kiritgan holda musiqiy ohanglari ham ("Shipuchi" ya'ni "10 xil musiqa" deb nom olgan) ijro etilgan. [3]

Hindiston musiqasi eng qadimgi yuksak madaniyat davrlariga borib taqaladi. Uning ildizlari Xarappa va Moxendjo Daro sivilizatsiyasi (miloddan avvalgi 3 ming yillik) davrida gullab yashnagan. Hind musiqasining asosiy rivojlov bosqichi qadimgi adabiyot yodgorligi – Veda (miloddan oldingi 2 ming yillikning oxiri – 1 ming yillikning

---

[3] Romen Rollan. Gendel. 20 jildlik asarlar toʻplami, 17-jild. – L., 1935, 11-b.

birinchi yarmi), ilohiy matnlar rechitatsiyasi Rigveda (veda madhiyalari) va madhiyachilikning rivojlangan kuy namunalari Samaveda (veda kuylari) bilan bog'liq bo'lgan. Diniy marosimning an'anaviy vedalari bilan bir qatorda xalq va saroy san'atining rivojlangan shakllari mavjud bo'lgan. Hind folklorining serjiloligi (turlarida, lad-ritmik tizimida, janrlarida) eng avvalo Hindistonni polietnik va ko'p tilli davlat bo'lganidan dalolat beradi. Janrlar ichida balladalar (ular ko'pincha xalq tomoshalarida ijro etilib, epik va tarixiy syujetga asoslangan) – povada va lavani Maxarashtrada, pabudji Radjastxonda, burrakatxa Andxrada, pandavani Madxya-Pradeshda; qo'shiq-raqs shakllari – garba Gudjaratda, sua Madxya-Pradeshda, kollatam Keralada, chakri Kashmirda; lirik qo'shiqlar – bxatiali Bengalda, dxola Pendjabda, panixari Radjastxonda; ish jarayonida ijro etiladigan qo'shiqlar – shari Bengalda, maxitya Pendjabda, kadjari Uttar-Pradesh xalqi ichida keng tarqalgan. Musiqiy cholg'ular tarkibida: urma asboblar – dxol, dxolak, damaru, udukkai, daf, tammatai, kandjira, gammati, nog'ora; damli asboblar - kombu, singx, tiruchinnam, karna (karnay), bansuri, murali, algoza (fleyta), pungi, maxudi, gxonga, moxori, nagasar, surnay, naferi; torli-chertma asboblar – ektar, dotar (dutor), tuntune, djantar; torli-kamonli asboblar – kamaycha, banam, sarinda.

2.3. Qadimgi Gretsiya musiqa madaniyati.

O'sha davrda insoniyat o'zini alohida kuchi, diqqatini bir joyga to'plaganda o'z qobiliyatlarini to'la ochib bera olgan. Bu madaniyatni uzoq vaqt ravnaq topishi uchun kulminatsion nuqta bo'lgan. Aynan shu cho'qqiga ko'tarilgan insoniyat ruhiyati – bu qadimgi Ellada voqeasi edi. Qadimgi Gretsiyaning eng gullab yashnagan vaqti eramizdan oldingi V – IV asrlarga to'g'ri keladi. Ulug' madaniyatimiz uncha ko'p bo'lmagan xalq tomonidan yaratildi. Bu xalqlar Janubiy Bolqon yarim oroli, Egey dengizi orollarida kichik Osiyo qirg'oqlarida yashaganlar. Bu xalqlarning o'zini boy tarixi bo'lgan.

Arxeologlarning topilmalaridan ma'lum bo'lishicha, XIX asr oxiri XX asr boshlariga kelib, allaqachon yo'qolib ketgan dunyoni topishadi. U yerda to'la ajoyib go'zallikka (Kritdagi Knoss saroyi qoldiqlari) shuningdek ulug'vor qattiqqo'llik (Janubiy Gretsiyaning Miken qa'lasi xarobalariga) duch keladilar.

Qadimgi Gretsiya madaniyati yangi bosqichda rivojlanishi "Gomer" davri bilan bog'liq. Eramizdan avvalgi X – VIII asrlarda greklarning qahramonona eposi shakllana boshlagan. "Illiyada"dan biz keng ommaga tarqalgan – to'y, mehnat, dafn marosimlarida aytiladigan qo'shiq janrlarini bilib olamiz.

"Odisseya"dan esa xalq musiqachilaridan chiqqan professional qo'shiqchilar – aedlar haqida bilib olamiz. Bazmlarga chiqib, aedlar xalq jasorati, xudolar, qahramonlar haqida kuylashgan. Ularning ijrosi kifara – torli cholg'u asbobi jo'rligida kuylangan. Eramizdan avvalgi VII – VI asrlarda Gretsiya shaharlarida xor musiqasini turli xillari keng ishlab chiqilgan. VII asrda katta mashhurlikda Terteyning xor va urushga bag'ishlangan qo'shiqlari keng tarqalgan.

Lesbos orolida VII asr boshlarida dastlabki shoirona – musiqiy maktab barpo qilinadi. Lesbos oroli shoir-musiqachilaridan Alkey va Anakreonlar ijodi bilan bog'liq. Sevgiga to'la his-hayajonli yakkaxon lirik qo'shiqlar bilan bir qatorda xor, o'tirishlarda aytiladigan qo'shiqlar (skoli) deb atalgan, hayot quvonchlari, ruhiy qo'shiqlar, (partenilar), maqtovchi qo'shiqlar g'oliblar shon – sharafiga (epikini) va boshqa qo'shiqlar yaratilgan. Tarixda Gretsiyada cholg'u asboblari musiqasini bo'lganligi to'g'risida bir qancha ma'lumotlar mavjud.

Gretsiya san'atini yuqori darajada gullab yashnashi Afinada eramizdan avvalgi V asrda Perikla hukmronligida bo'lgan. Bu Gretsiyada demokratiya vaqtiga to'g'ri keladi. Albatta demokratiya ozod xalq uchun – qullar bu huquqdan foydalanishmagan.

Bu yerda asketizm va dabdabalikdan qochishgan. Ular hayotdan zavq olish, shodlikni qadriga yetishni o'zlarining fuqarolik burchlari deb bilishgan. Gretsiyaning klassik san'ati dunyo sezgisida ko'rinadi. "Tabiatda g'aroyib kuchlar ko'p, lekin insondan kuchlirog'i yo'q!" – degan Sofokl "Antigona" tragediyasida. Gretsiya rassomlari ijodida singdirilgan manba bu – afsonalardir. Qadimiy afsonalar til asosidagi ko'rinishlarda tuzilgan, lekin ular dunyo haqidagi bilimni "kurtak" ochishday gap deb yozishgan.

2.4. Qadimgi Yunon va Rim musiqa madaniyati.

Musiqa – atamasi lotincha so'zdan olingan bo'lib, muzalar (ilhom parilari) san'ati degan ma'noni anglatadi. Musiqa – bu ohang san'ati bo'lib, borliqni tovushlar orqali ifoda etadi. Musiqiy badiiy jarayon tovushli matn (tovush balandligi, cho'zimi, tembri va jarangdorligi) ga qaratilgan. Tovushli matn – insonni eshitish taassurotlari bilan bog'liq ichki hissiy olamini aks ettiruvchi fikrni o'ziga xos obrazli talqinidir. Musiqani rivojlanish tarixi bevosita insonni hissiy qobiliyatini o'sishi (musiqaning estetikasi) hamda o'zgaruvchan madaniy muhitda tovushli matnni eshitish orqali o'zlashtirish jarayoni bilan bog'liq.

Yevropa musiqa tarixining ilk davri aynan Qadimgi Yunon madaniyati rivoji bilan bevosita bog'liq. Antik musiqa madaniyati katta tarixiy davrni (miloddan avvalgi V asrdan, to milodning III asrigacha) qamrab oldi. Antik san'atda – hayotga irodalilik va muhabbat, hayotiylik, yerdagi dramatizm hamda garmonik insonni go'zalligi o'z ifodasini topadi. Antik san'atining mukammal mavzusi sifatida inson tanasi tanlangan. Antik tragediyalari esa san'atni sinkletik birligini gavdalab beradi.

Qadimgi Yunon musiqa madaniyati haqidagi tasavvurlar arxeologik qazilmalardan topilgan buyumlar, qadimgi yozma manbalar, adabiyot yodgorliklari va maxsus musiqiy parchalar tahlilida shakllanib keldi. Qadimgi Yunon musiqasining rivoji taxminan miloddan oldingi ikkinchi ming yillikdan tortib, milodning V asrigacha bo'lgan davrni qamrab oladi. Qadimgi Yunon musiqasining xalq qoʻshigʻi janrlari haqidagi bir qancha ma'lumotlar mavjud. Xususan "georgiki" – dehqon qoʻshiqlari, "epitalama" va "gimenei" toʻy qoʻshiqlari, "trena" – yigʻi qoʻshiqlari, "embateriya" – safar qoʻshiqlari, "skolii" – davra qoʻshiqlari va yana bir qator qoʻshiq turlari rivoj topdi. Bu esa oʻz oʻrnida folklore musiqasi ma'lum darajada rivojlanganining belgisidir. [4] Qadimgi Yunonistonda musiqiy nazariya va musiqiy estetika sohalari rivoj topgan. Pifagor va pifagorchilar ilmiy darajada musiqani bir qator akustik qonuniyatlarini izohlab berdilar. Aristoksen ilmiy izlanishlarida interval va tovushqatorni empirik – eshitish hissiyotini oʻrganib chiqadi. Musiqa nazariya ilmidagi keyingi tadqiqotlarni Nikomax, K.Ptolemey (milodning I – II asrlari), Aristid Kvintilian, Porfiriy, Allipiy (milodning III – IV asrlari). Musiqani etik konsepsiyasini bir qator antik olimlar oʻrganib chiqqanlar. Ular ichida Platon va Aristotel izlanishlari alohida e'tiborga molik.

Qadimgi Rim badiiy madaniyatining shakllanishi bevosita an'analar vorisligi (etrus, yunon, ellinistik) va Rim davlatining kengligi (miloddan avvalgi III asr oxiridan, to milodning V asrigacha) bilan bogʻliq edi. Qadimgi Rim madaniyati nisbatan mustaqil ravishda rivojlangan boʻlib, musiqaga taalluqli ma'lumotlar juda kam. Bu davrlarda maishiy musiqiy-shoirona janrlar (tantanavor, toʻyona, davra, zikr kabi qoʻshiqlar), harbiy musiqa (damli cholgʻular – rog va trubalarda ijro etilgan) hamda saliye va "arvaliyali aka-ukalar"aytimlari mashhur boʻlgan.

Oʻrta asr italyan musiqa nazariyachisi Gvido d'Aretsso (Gvido Aretinskiy, 991-1050. Aretsso, Italiya) benedikt monastirining monaxi edi. U nota yozuvining reformatori boʻlib, 4 yoʻlakli nota yozuvini amaliyotga kiritdi2. Shu bilan birga u geksaxord tizimini nazariy asoslab berdi.

---

[4] Romen Rollan. Gendel. 20 jildlik asarlar toʻplami, 17-jild. – L., 1935, 11-b.

IX asrlargacha katolik cherkovining qo'shiqlari bir ovozli bo'lib, IX – XIII asrlarda ko'p ovozli shakllar paydo bo'la boshlaydi. Bularga organum, diskant, gimel va boshqalarni keltirish mumkin. Biroq XV – XVI asrlar oxirigacha ko'p ovozli qo'shiqchilik bir ovozlikni qayta ishlangan namunasi sifatida qabul qilinar edi. Ars antikua davrining Notr-Dam maktabi amaliyotida o'rta asr ko'p ovozligining asosiy shakl va janrlari rivoj topadi. Cherkov musiqasi – organum, motet, rondel, kondukt, klauzula, goket. Ars nova davri musiqasida ko'p ovozli messa va izoritmik motet paydo bo'ldi. Messa va motet XV asrdan – XVI asrga qadar niderland maktabi kompozitorlari ijodida bosh janr vazifasini bajargan edi.

Cherkov ladlari (musiqa pardalari) – cherkov tonlari, grigorian ladlari, o'rta asr ladlari deb ham amaliyotda nomlanadi. Cherkov ladining tarixiy ildizlari qadimgi yunon ladlariga borib taqaladi. Cherkov ladi bu o'rta asr cherkov musiqasining quyidagi monodik (ya'ni bir ovozli) ladlar tizimiga ega bo'lgan: I ton – doriy ladi, II ton – gipodoriy ladi, III ton – frigiy ladi, IV ton – gipofrigiy ladi, V ton – lidiy ladi, VI ton – gipolidiy ladi, VII ton – miksolidiy ladi, VIII ton – gipomiksolidiy ladi.

Cherkov ladining asosiy kategoriyalari – finalis (yakuniy ton), ambitus (aytim hajmi), reperkussa (takror etiluvchi ton, psalmodiyalash). Cherkov ladining har biri o'ziga xos kuy shakliga ega bo'lib, psalmodiya uchun ham xarakterlidir. Boshlang'ich (initsiy), o'rta kadans (mediatsiya, yoki medianta), yakunlovchi (finalisi, yoki terminatsiya). O'rta asr musiqasida cherkov ladlaridan tashqari boshqa ladlar ham mavjud bo'lgan, ammo ular musiqa nazariyasi bilan o'rganib chiqilmadi, faqatgina Glareanning "Dodekaxord" risolasida cherkov ladlari tizimi boshqa ladlar bilan to'ldirildi: IX ton – eoliy, X ton – gipoeoliy, XI ton – ioniy, XII ton – gipoioniy. O'rta asr musiqa san'ati yangi voqeyliklar bilan yanada boyidi. O'rta asr shaharlari yillar o'tib madaniyat markazlariga aylanadi. Yevropa davlatlarida ilk universitetlar ochiladi (Bolonya va Parijda). Sayohat qiluvchi xalq musiqachilari haqida asosiy ma'lumotlar IX – XIV asrlarga taaluqli. Sayohat qiluvchi san'atkorlar (jonglyorlar, menestrellar, shpilmanlar) turli xil davlatlarda har xil nomga ega bo'lib saroy musiqa madaniyatining namoyandalari bo'lishgan. Ko'p hollarda saroy lirikasining ilk shakl ko'rinishlari aynan ularning musiqiy amaliyotida shakllanib borgan. Sayohatchilarning o'zi ham aktyorlik, qo'shiqchilik, jo'rnavoz, raqqoslik va bastakorlik ko'rinishida maydonga chiqishgan. Ular quyidagi musiqiy cholg'ular – truba, rog, svirel, Pan-fleyta, volinka, arfa, krot, rebab, viyela, fidel kabi musiqiy sozlarda mohirona chalishni bilganlar. Jonglyor va shu kabi artist, akrobat, musiqachi va raqqoslarda o'zlarining ma'lum madaniy-tarixiy an'analariga ega bo'lish ehtimoli imkon qadar kuchli bo'lganligini Qadimgi Rim sinkretik san'atida kuzatish mumkin. XII – XIII asrlarda G'arbiy Yevropaning bir necha davlatlarida trubadurlar musiqiy-poetik san'atining badiiy ta'siri alohida ahamiyat kasb etgan.

Tayanch so'z va iboralar: qadimiy musiqa madaniyati, o'rta asr musiqa san'ati, cherkov ladlari, davlatlarning saroy va diniy hayotida musiqa.

Mavzu bo'yicha savol va topshiriqlar
1. Qadimgi Misr musiqa madaniyati xususida nimalarni bilasiz.
2. Shumer-Bobil musiqa madaniyatiga oid nimalarni bilasiz.
3. Qadimgi Misr va Shumer-Bobil musiqa madaniyatiga oid qanday musiqiy cholg'ularni bilasiz ?
3. Qadimgi Xitoy va Hindiston musiqa madaniyati haqida nimalarni bilasiz.
4. Qadimgi Xitoy musiqa cholg'ulari haqida gapirib bering.
5. Qadimgi Gretsiya musiqa madaniyati haqida gapiring.
6. Qadimgi Yunon va Rim musiqa madaniyatining o'ziga xos jihatlarini gapirib bering.
7. Cherkov musiqasining ilk paydo bo'lish jarayonlari xususida so'zlab bering.
8. Trubadurlar san'ati deganda nimani tushunasiz ?

3-мavzu. O'rta asrlar musiqa san'ati
Reja:
1. Vizantiya musiqa madaniyati.
2. Cherkov musiqasi.
3. Janubiy Fransiyada trubadurlar san'ati (XI – XII asrlar).

Ushbu uzun tarixiy davr Evropa musiqa madaniyatining rivojida juda ham muhim ahamiyatga egadir. Ko'pincha bu asrlarni "Qayg'uli asrlar" deb atashadi, bunga sabab: o'sha davrlardagi qiyin hayot, diniy bosim, avj olgan feodalizm bo'lgan.

Jangovor xalqlar butun Rim imperiyasida hukmronlik qilib kelgan qulchilikka chek qo'yishdi va erkin, ozod ijtimoiy jamiyat tuzishga muvaffaq bo'lindi. Oddiy askar va dehqonlar o'zlarining yangi Evropa san'atiga asos solishdi. Ularning yangiliklari qadimgi san'at yo'llarini o'zida aks ettirdi. Qadimgi va O'rta asr davrlarini bog'lab turuvchi zanjirning yana biri – xristianlik dinidir.

3.1. Vizantiya musiqa madaniyati.

Ilk o'rta asrlarda antik davr musiqiy elementlarini saqlab qoluvchi bir qator omillar bo'lgan edi. Xristian dini orqali Evropa davlatlariga savodxonlik kirib keldi. Ko'p yillar davomida cherkov va monastrlar o'rta asr madaniyatini saqlab turuvchi dargoh bo'lib xizmat qildi.

O'rta asrlar diniy musiqasi zamonaviy professional Evropa musiqasining poydevori bo'lib xizmat qildi.

Ilk o'rta asrlar davrida feodal tuzum shakllanishining oxirgi pog'onalari, tabaqalarning bo'linishi (ajralishi) va ularning o'zaro munosabatlari aniq tus ola boshladi.

Tenglik g'oyasi insonlarni birlashtirgan va o'z huquqi uchun kurashishga da'vat etgan edi. Ammo har xil insonlarni yagona normativlarga bo'ysundirish uchun turli xil uyushmalar barpo etila boshlandi. Bu uyushmalar o'z a'zolari xulqatvoriga, fikriga, hatto his-tuyg'ulariga doir aniq qonun qoidalar tuzib chiqishgan. Ilk o'rta asrlarda bu holat unchalik sezilmagan bo'lsada, biroq keyinchalik bu tuzum madaniyat va san'atning rivojiga salbiy ta'sir ko'rsatadi.23 VIII asr oxiri va IX asr boshlarida feodal tuzumning asosiy qirralari shakllanib bo'lgan edi. Xristianlik dini uning eng asosiy g'oyasiga aylangan edi. Chunki, butun borliq cherkov qo'liga o'tgan edi.

Ilk o'rta asrlarning o'ziga xos yuqori cho'qqisi – Buyuk Karl (768-814) ning ulkan imperiya yaratgan davri bilan bog'liq. Bu davr o'rta asrlar madaniyatining ilk qisqa muddatli gullagan payti bo'lgan – kichik o'rta asrlar renessansi deb ataladi. Karl o'z atrofiga o'qimishli insonlarni yig'ib, "saroy qoshida akademiya" tuzishgan edi. Bu yerda ochiq ilmiy munozaralar, musiqiy-she'riy musobaqalar va boshqa qiziqarli hamda intellektual mashg'ulotlar o'tkazilgan. O'z yerlarida u go'zal va hashamatli saroylar qurdirgan. Cherkovlarda yuksak darajali kapellalar tuzdirgan, kitoblarning nusxalarini ko'paytirgan, tasviriy miniatyuralarni yarattirgan edi.

Karlning vafotidan so'ng uning imperiyasi kichik davlatlarga bo'linib ketdi. Karlning davlati madaniyati birdan sustlashdi. XI asrdan boshlab shaharlar kengayib, hunarmandchilik va savdo-sotiq ishlari keng rivojlana boshladi. Insonlarning turmush-tarzi o'zgacha tus ola boshladi. XII – XIII asrlar Evropa o'rta asrlarining yetuk davrlari bo'lgan. Hayotning yangilanishi va rivojida "Salb yurishlari" ("Krestoviy poxodi") ham katta ahamiyatga ega bo'ldi.

Bu kabi sharoitlarda madaniyat markazlari cherkovlardan shaharlarga o'tib, markaziy maydonlarda bahaybat soborlar qurila boshlagan edi. Soborlar qoshida cherkov maktablari ochilib, keyinchalik ular universitetlarga aylantiriladi. Universitetlarning eng qadimiylari – Angliyadagi "Kembridj" va "Oksford", Fransiyadagi "Parij" universitetlarini keltirib o'tish mumkin.[5]

---

[5] Romen Rollan. Gendel. 20 jildlik asarlar to'plami, 17-jild. – L., 1935, 11-b.

Ushbu oliy o'quv yurtlarda turli xil fanlar qatorida musiqa bilan ham chuqur shug'ullanishgan. Uzoq vaqt davomida musiqa – astronomiya va matematika fanlariga yaqin fan sifatida o'rganilgan. Keyinchalik, uyg'onish davrida insonlar musiqaning ruhiy ta'siri mavjudligini anglashadi. O'z - o'zidan "Musiqa san'ati" tushunchasi paydo bo'la boshlaydi. Uyg'onish davri madaniyati ilk o'rta asrlar musiqa madaniyatini o'rnini olgan, boshqacha so'z bilan aytganda, to'sib qo'ygan. Zamonaviy inson o'rta asrlar musiqasini tushunish uchun avvalo ruhan eshitishga tayyor bo'lishi kerak, aks holda u bu musiqaning asl maqsadi va mazmunini tushuna olmaydi.

Diniy mavzu, syujet va obrazlar badiiy ijodning doimiy manbaasi bo'lib kelgan. O'rta asrlarda yashagan inson bu afsonalarni afsonalardek emas, balki haqiqatdan ham bo'lib o'tgan voqealardek qabul qilishgan. Bu davrdagi odamlar uchun hayot ikkita haqiqat – "Tug'ilish davri" (Yerning yaralishi) va "Qiyomat kuni"dan iborat bo'lgan. Ularning qalblari doim ertangi kun uchun qo'rquvda yashagan, shuning uchun bu davr musiqasi dramatik tonlarga boy bo'lgan. Bu davrda yaratilgan musiqalar mazmunida har doim Qiyomat kuni mavzusiga keng urg'u berilgan.

Albatta, O'rta asr musiqiy asarlari orasida yorqin, yorug', inson qalbiga taskin beruvchilari ham mavjud bo'lgan. Lekin baribir, bu davr odamlari uchun dardqayg'uga to'la Xristos obrazi boshqa obrazlardan ko'ra ustunroq bo'lgan.

3.2. Cherkov musiqasi.

Boshqa san'at turlari qatori, professional musiqa ko'p yillar davomida cherkov devorlari ichida o'ziga xos tarzda rivojlandi. Bu davrda "jiddiy" yoki "mazmunli" musiqa tushunchasi "diniy musiqa" tushunchasidan ajralmas edi. Boshqa san'at turlaridan farqli ravishda musiqa insonning ichki hissiyotlarini to'la holda aks ettira olgan, u "sof"lik va insonning tashqi ko'rinishidan qat'iy nazar uning ma'naviy va ruhiy olamini yuksakligini ifodalagan. Cherkov musiqaning xalqqa bo'lgan

ta'sirini yaxshi bilgan, va o'z maqsadlari yo'lida bu ilohiy san'atdan keng foydalangan.
Ilk o'rta asrlar klassik musiqasi sekin-asta shakllana boshlagan. Xristianlik dinining Evropa davlatlarida tarqalishi bilan birga cherkov musiqasi, har bir xalqning o'z xalq qo'shiqlari bilan aralashib ketgan. Buning oqibatida, turli davlat cherkovlarida turli xil qo'shiqlar kuylana boshlagan. Bunday o'zgarishlar cherkovlarning birligiga to'sqinlik qilgan. Butun G'arbiy Evropaga diniy boshchilikni o'z qo'liga olmoqchi bo'lgan Rim cherkovi oldida, barcha cherkovlar uchun yagona diniy marosimlar va unga mos musiqa yaratish zaruriyati tug'iladi. Bu esa katta va mashaqqatli mehnatni talab qilardi. VI – VII asrlarda bu ishni **Grigoriy I** (540-604) yakunladi. Cherkov repertuarida mavjud bo'lgan yuzlab qo'shiqlar orasidan eng ko'p kuylanadigan va diniy ruhga boy bo'lgan qo'shiqlarni saralab olishgan. Bu qo'shiqlarni cherkov kalendarining kunlariga bo'lingan edi. Ularning har biri cherkov tarixining ayrim davrlari bilan bog'liq bo'lgan. Grigoriy I ayrim qo'shiqlarga o'zgartirishlar kiritadi, ortiqcha shiddatni olib tashlab, ko'proq jiddiylik xarakterini qo'shadi. Ayrim qo'shiqlarni esa o'zi ijod qiladi, shular jumlasiga kiruvchi "Antifonariy" – katolik qo'shiqlar to'plamini o'zi yaratadi, bu to'plam tarixga *"Grigoriy xoralli"* nomi ostida kirib kelgan.
Bu to'plam yaratilgani Evropa musiqasi tarixida muhim o'rin egallaydi. Grigoriy xoralli eshitish qobiliyatini va ularning musiqiy saviyasini rivojlantiruvchi manbaa bo'lgan. To'plamning ta'siri nafaqat diniy musiqa olamiga, balki, zodagonlar professional musiqasining rivojlanishiga ham katta xizmat qildi.
Grigoriy xoralli cherkov musiqasi repertuaridan joy olishi uchun juda ko'p yillar ketgan. Turli xalqlar bu to'plamga o'zlarining o'zgartirishlarini kiritishgan. Kundan kunga o'zgarib kelayotgan diniy urf-odatlar ham musiqiy o'zgarishlarni talab qilgan. Faqatgina VIII asr oxiri IX asr boshlariga kelib, grigorian to'plami katolik cherkovining

mustahkam bir qismi bo'lib qolgan.
Bir ovozlik grigorian kuyi erkak ovozlar xori yordamida ijro etilar edi. Bu kuyning sokin va mayin oqimi tinglovchilarni real hayotdan uzoqlashtirib, olis, noma'lum o'lkalarga, insonlarning yorug' orzulari tomon chorlaydi. Keng, notekis musiqiy ritm so'z ritmiga bo'ysunadi. Matn esa lotin tilida yozilgan bo'lib, so'zlashuv nutqidan juda ham farq qiladi.
Xoralning ruhiy tuzumi bir emotsional holatni uzoq vaqt davomida saqlab qolishdan iborat bo'lgan.
"Cantus planus" (tekis kuylash) – xorallning asosiy maqsadidir. Melodik harakat – sokin va ravon; musiqiy sakrashlar uchrasa ham tor, kichik masofalidir. Xorall intonatsion jihatdan turg'un va aniq, keskin dinamik va ritmik o'zgarishlar kuzatilmaydi.
Bunday "melodik formula" cherkov diatonik ladlari asosida yaratiladi. Ladlarning spitsifik ifodasi har bir kuyga o'ziga xos go'zallik beradi, xorallar motamiy, yorug' yoki bayramona bo'lishi mumkin edi.
IX asrga kelib cherkov musiqasi qatoriga "Gimn"lar ham kirib keldi. Gimnlar xalq kuylari san'atiga mansub qo'shiqlar edi (Gimnlar IV asrda shakllana boshlagan). IV asr oxirida gimnlarni cherkovda kuylashni ta'qiqlab qo'yishgan, lekin ko'p asrlar davomida ular xalq orasida yashab kelgan. Gimnlarning cherkovga qaytishi, xalqning dunyoviy tuyg'ularining ustun kelganligini dalilidir. Xorallardan farqli ravishda gimn maxsus yozilgan she'rga tayangan ravishda ijro etilgan (xorallda esa diniy kitoblarga bitilgan matnlardan foydalanishgan). Bu esa gimnlardagi musiqani kengroq, so'zlarni aniqroq ijro etilishiga imkoniyat bergan.
Grigorian qo'shiqlarini ijro etish paytida melizmatik usullardan keng foydalanilgan. Bunday qo'shiq so'zlari qismlarga bo'linib, murakkab melodik bezaklar yordamida keng ovozda kuylanardi. Ushbu usul yubilyatsiya (bayram,

xursandchilik tovushlari)da keng tarqalgan, ko'pincha "Alliluya" ("Ollohga shukur") so'ziga kuylangan. Ushbu kuylash uslubi yorug'lik va itoatkorlik ramzi bo'lgan.

3.3. Janubiy Fransiyada trubadurlar san'ati (XI – XII asrlar).

O'rta asrlar davrida Janubiy Fransiyada **trubadurlar** san'ati shakllangan (XI – XII asrlar). Ushbu san'atning shakllanish markazi shahar emas, "ritsar" lar qasrlari bo'lgan. Uning yaratuvchilar esa – ziyolilar bo'lib, Baron Bertan de Bori, Bernard de Ventadorn, Giyom IX, Gersog Akvitaniy va boshqalar shular jumlasidan edi.

Trubadurlar – ham shoir, ham musiqachi bo'lishgan; ko'pincha o'zlari bastalagan qo'shiqlarni ijro etishgan. Ushbu san'at turi har taraflama yangi bo'lgan. Trubadurlar san'ati insonning ichki dunyosini kuylagan, ko'klarga ko'targan.

Trubadurlar qo'shiqlarining asosiy mavzusi "Muhabbat" bo'lgan. Bu tuyg'u insonlar ruhini ko'klarga olib chiquvchi, ilohiy hissiyot ekanini ovoza etishar edi.

Trubadurlar qo'shiqlari "tirik" obrazlarga – "go'zal ayollar"ga bag'ishlanar edi. Qo'shiqchining hissiyot dunyosi esa, hayratlanarli darajada noziklik bilan ifodalanadi. Obrazlarning mukammalligi – sevgan yigit o'z ma'shuqasiga yetisha olmasligidadir. Ular uchun sevgi tuyg'usining o'zi yuksaklik belgisi bo'lib xizmat qilgan. Ushbu sevgi bepoyon, lekin sevgan yigit o'zini to'g'ri tutishi, ziyolilarga xos tarbiyasini yo'qotmasligi shart edi. Bunday sevgini "ritsar"lar **"kurtuoz sevgi"** deb atashgan. Gohida inson muhabbati tabiatga ham bag'ishlangan bo'lar edi.

"Muhabbat" – yagona ijodiy mavzu bo'lib, "ritsar"lar san'atida din, siyosat, ahloq borasida ham qo'shiqlar mavjud bo'lgan; qo'shiqlar goh sho'x, goh jiddiy, goh kinoyali bo'lishi mumkin edi. Turli mavzudagi qo'shiq, turli janrlarga mansub bo'lgan: sevgi mavzusi – kanson, zamon muammolari – sirvent, sevishganlarning ayriliq qoʻshigʻi – alba janrida ifoda etilgan.

Trubadurlar qoʻshiqlarining musiqasi va sheʼri oʻzaro birlikni xosil qilib, bir biridan xoli tarzda yangramas edi. Bu qoʻshiqlar tarkibi grigorian qoʻshiqchilik sanʼati; yaʼni sekvensiya va gimnlardan iborat boʻlgan.

Trubadurlar sanʼati taʼsiri ostida Yevropa davlatlarida yangi janrlar yuzaga keldi. Birinchi oʻrinda shimoliy Fransiyada "truver"lar sanʼatini aytib oʻtish mumkin (XII asrning ikkinchi yarmi va XIII asrlar). Truverlar sanʼatining mavzusi ham, badiiy uslubi ham trubadurlarniki singari edi.

Trubadurlar lirikasining asoschilari ham zodagon shaxslar edi (masalan, Richard Sher Yurak, Tibo Shampanskiy, Navarra qiroli). XIII asrga kelib truverlar sanʼati burjuaziya vakillarini oʻziga rom etib, davr rivojlanishi bilan birga truverlar sanʼati ularning sanʼatlari bilan chatishib ketdi, oʻzligini yoʻqotdi.

Tayanch soʼz va iboralar: Yevropa musiqa madaniyati, musiqa sanʼati, cherkov musiqasi, nota chiziqlari, trubadurlar sanʼati.

Mavzu boʻyicha savol va topshiriqlar

1. Xristian dinida musiqaning tutgan oʻrni nimalardan iborat edi.
2. Ilk oʻrta asr musiqa madaniyatida Buyuk Karl (768-814)ning xizmatlari nimalarda aks etdi ?
3. XII – XIII asrlar Yevropa oʻrta asrlarining yyetuk davrlari boʻlib, bunda "Salb yurishlari"ning ahamiyati, unda musiqaning namoyon boʻlishi nimalarda koʻzga tashlanad ?
4. Eng qadimiy universitetlar haqida nimalarni bilasiz.
5. Musiqa sanʼatining fan sifatida oʻqitilishi qanday jarayonlarda sodir boʻldi ?
6. Cherkov musiqasi haqida nimalarni bilasiz.
7. "Grigoriy xoralli" toʻplami kim tomonidan va qachon yaratildi ?
8. Cherkov musiqasi tarkibiga gimnlarning kirib kelishi

haqida nimalarni bilasiz.
9. Messaning asosiy 5 ta qismi aynan gimnlar shaklida shakllanganligi xususida gapirib bering.
10. Nota chiziqlarining joriy qilinishi haqida so'zlab bering.
11. Cherkov musiqasining ommaviylashuvi qanday sodir bo'ldi?
12. XI – XII asrlar janubiy Fransiyada trubadurlar san'ati xususida gapirib bering.

4-mavzu. Uyg'onish davri musiqa san'ati
Reja:
1. Italiya musiqa san'ati.
2. Fransuz opera va baleti, ingliz va nemis operasi.
3. XVII – XVIII asrlar Yevropa musiqa san'ati.

4.1. Italiya musiqa san'ati

XVII asrni musiqa madaniyati tarixining ma'lum pillapoyasi sifatida qabul qilish mumkin. Asrlar davomida to'plangan ijod namunalari unda mujassamlandi hamda musiqa san'atining ko'pgina yangi tur va janrlari namoyon bo'la boshladi. Aynan XVII asrda dunyoviy va cherkov professional musiqasining bir-biridan ajratish jarayoni tugadi hamda opera musiqasining yaralishiga imkon tug'ildi.

Opera janrining paydo bo'lishi nafaqat musiqa san'atidagi ulkan taraqiyotdan darak beradi, balki musiqaning dunyoviy unsurlari o'sib borayotganidan dalolat beradi. O'rta asr tafakkur shakllaridan asta-sekin yiroqlashib, hayotiy san'atga bo'lgan ochiq intilish – zamonaviy insonni hayajonga soluvchi muammolarni, uning his hayajonlarini, fikrlarini yorqin tasvirlashga qaratilgan jamiyat ongidagi chuqur rivojlanishdan dalolatdir.

Opera – san'atning sintetik turi bo'lib, unda – teatr, sheriyat, raqs, rassomchilik, musiqa san'atlari o'zaro uyg'unlashgan holda namoyon bo'ladi. Uning badiiy ta'sir vositalari deyarli chegara bilmaydi. Operaning ta'siri XVII va XVIII asr musiqasining barcha sohalariga tarqaldi. Uning negizida cholg'u musiqaning yangi janrlari, jumladan, uvertyura, orkestr va balet syuitasi tashkil topdi. Shuningdek, opera dramaturgiyasiga, uning obrazlariga yangi bo'lgan simfoniya shakllandi. Hatto diniy musiqa –oratoriya, kantata opera obrazlarining dramatizmi bilan opera shakllari, konsertbop vokal uslubi, kompozitsiya tamoyillari kirib keldi. Janrning kompleks tabiati uni katta sahnada ijro etilishi, keng demokratik auditoriya bilan muloqotda bo'lishni taqazo etdi, operani jamiyatda tutgan o'rnining o'ziga xosligi ham shundan iborat bo'ldi.

Italiya operasi. Renessans davri san'ati gullab yashnagan va o'zinig ajoyib xosilini bergan Italiya – opera vataniga aylandi. O'zining boy badiiy madaniyati bilan shuhrat qozongan Florensiya – operaning ilk o'choqlaridan bo'ldi. Shoir, sozanda, olim va san'at shinavandalarining to'garagi (camerata) tarixiy dovruqqa ega bo'ldi, uni florensiyalik metsenat Jovanni Bardi (1534-1612) va uning do'sti kompozitor Yakopo Korsi(1561-1602)lar boshqardi. Ushbu to'garakda yangi musiqiy-dramatik janrning asosini tashkil qiluvchi estetik nizomlar, ba'zi tamoyillar birinchi marta shakllantirildi. Shoir *Ottavio Rinuchchini* (1562-1621), sozandalar *Yakopo Peri* (1561-1633) va *Julio Kachchini* (1548-1618) Florensiya operasining asoschilari bo'ldilar. O.Rinuchchinining matni va Y.Perining musiqasi bilan (tarixan) birinchi opera "Dafna" 1594 yil Florensiyada Y.Korsining uyida qo'yildi. Afsuski asar partiturasi saqlanib qolmagan. Bizgacha yetib kelgan birinchi *Florensiya* operasi antik afsona syujetiga yozilgan "Evridika" operasi bo'ldi (1600), uning mualliflari – shoir Ottavio Rinuchchini va kompozitor Yakopo Peri bo'ldi. Florensiya operasida qo'shiq – sahnada joylashgan, uncha katta bo'lmagan cholg'u ansambli jo'rligida ijro etilardi. Ilk Italiya operasining yana bir maktabi *Rim* edi. Bu maktabning opera syujetlarida xristian diniy g'oyalari, albatta nasihatlar bilan targ'ib qilinar edi. Rim operasini eng mashhur qo'shiqchi va kompozitorlari *Stefano Landi*, aka-uka *Madrokilar*, *Marko Maradzoli*, *Loretto Vittori* va boshqalar. Stefano Landi (1586-1639)ning ijodi Rim opera maktabiga xosdir. Uning "Avliyo Aleksey" operasi 1632 yilda Barberinilar teatrida qo'yildi va katta shuhrat qozondi. Ushbu asar dramaturgiyasidagi yangilik va muhim narsa – komediya unsurlarining kiritilishi bo'ldi. Loretto Vittorining (1588-1670) "Galateya" operasi Rim maktabining eng yaxshi asarlaridan bir hisoblanadi.

Italiyaning buyuk kompozitorlaridan **Klaudio Monteverdi**ning ijodi XVII asr musiqa madaniyati tarixida buyuk voqealardan bo'ldi. Klaudio Monteverdi (1567-1643) ning birinchi operalari – 1607 yili "Orfey", 1608 yili "Ariadna" Mantuyada paydo bo'ldi. Venetsiya davri asarlari orasida ikkita so'nggi operasi bizgacha yetib kelgan bo'lib, ular "Ulissaning Vatanga qaytishi" va "Popeyaning tojlanishi". Monteverdining opera dramaturgiyasining tamoyillari quyidagicha bo'lgan, uning fikricha, opera kompozitsiyasi, uning asosida yotgan drama, qahramonlarning o'zlarini tutishlari va harakatlarini belgilab beruvchi psixologik to'qnashuvlarga bog'liqdir. Kompozitorning vazifasi – musiqa vositasida murakkab dramatic holatlarda harakat qiluvchi inson xarakterining turliligini ko'rsatib berishdan iborat. Monteverdining ilk operalaridagi orkestr tarkibida cholg'ularning soni 40 dan oshib ketdi, biroq keyinchalik orkestr tarkibi qisqarib, soddalashdi, orkestrga skripkalar kirib keldi. Opera *ariyasi*ning Monteverdi yaratgan yangi **turi Lamento** (yig'i) opera va oratoriyaga tezda singib ketdi. Opera yakka qo'shiqchiligining turli shakllarini yaratishda Monteverdi birinchilardan bo'ldi. Uni asarlarida deklamatsiya, variatsiyalashtirilgan, ikki qismli, *da capo* ariyasi, xalq qo'shig'I shakllari keng qo'llanildi.

XVII asr o'rtalariga kelib opera san'atining markazi Florensiya va Rimdan **Venetsiyaga** ko'chdi. Florensiya va Rimdan farqli o'laroq Venetsiyada opera aristokratlar saroyini tark etib shahar aholisining hammasi ommaviy tarzda kirishi mumkin bo'lgan shahar teatrlariga "ko'chib" o'tadi. Birinchi ommaviy opera teatri 1637 yili San-Kasiyano shahrida ochildi. So'ngra Venetsiyada yana yettita teatrlar o'z faoliyatini boshlaydi. Antik afsonalar, qadimgi tarixdan olingan voqealar kabi, erkin talqin qilingan va ko'proq ularga aloqasi yo'q voqealar va ishtirokchilar bilan to'ldiriladi. Jiddiy asarlarga komik epizodlarni kiritish odat bo'lib qoldi. Xalq san'atiga murojaat qilish Venetsiya kompozitorlarining musiqa tilini demokratlashtirdi; ular *barkarola* xalq qo'shiq janrilarini sevib, undan keng foydalanishdi. Italiya operasining Venetsiya davri – dramatik qo'shiq san'atining ajoyib tarzda gullab yashnashining boshlanishi va shu bilan birga musiqiy dramaning kostyumlardagi konsertga aylanishi – taraqiyotning boshlanishi edi. Venetsiya opera kompozitorlari orasida **Franchesko Kavalli** (1602-1676) va Marko Antonio Chesti (1623-1669) ajralib turadi. F.Kavalli katta mahorat bilan yakka xonandalikning turli shakllarini ishlab chiqdi. Uning rechitativlari va dramatik sahnalari o'zining nufuzi hamda ifodaviyligi bilan tomoshabinlar sevgisini qozondi. U rechitativni ikki va uch qismli tuzilmalarga aylantirib, tugallangan epizod, ariyalar bilan mantiqiy tarzda tabiiy uyg'unlashtirdi. Ko'cha konsertlari turida xalq-qo'shiq uslubi ko'rinishidagi kichik ariyalarning kiritilishi F.Kavallining operalariga erkinlik va yangicha sado baxsh etdi. M.A.Chesti Yevropada hukmronlik qilgan *namoyishona saroy operasi*ni yaratdi. M.Chesti ijodi yangi yo'nalishdan darak beradi, zero u musiqali dramadan "opera-konsert"ga va "mohir ijrochilar uchun" yaratilgan operada burulish yasadi.

4.2. Fransuz opera va baleti, ingliz va nemis operasi.
Fransuz operasi. XVII asrda Fransiya Italiya musiqasining qudrati ta'siriga qarshilik ko'rsata olgan hamda o'zining milliy opera turini yaratgan Yevropadagi yagona mamlakat bo'ldi. *Jan Batista Lyulli* katta iste'dod, shu bilan birga chegarasiz izzat talablik, chaqqonlik va barcha to'siqlarni yengib o'tuvchi tirishqoq Lyullini martabasini juda tez ko'tarilishiga yo'l ochib berdi. 1672 yildan boshlab Lyullining birinchi operasi ("Amur va Baxus bayrami")

dunyoga kelgandan, to 1678 - ("Atis va Galateya") yilgacha u 19 opera yozdi, bu asarlar fransuz musiqa klassikasining o'lkan merosi qatoridan o'rin oldi. Lyulli operalarida milliy xususiyatlarning shakllanishiga Fransuz teatri va klassik tragediya favqulodda ta'sir ko'rsatdi. Prolog bilan katta – besh pardali kompozitsiya shakllarining dekarativli bezagi, aktyor sahna harakatining shartli tizimini Lyulli shu yerdan oldi. Fransuz tragediyasining ta'siri operani umumiylik xususiyatida – mavzuda ham mazmunda, obrazlar talqinida ham sezilib turadi. Shu bilan birga Lyulli operalaridagi qo'shiq so'zdan, aktyorning harakati va imosidan ajralmaydi. Kompozitor o'z operalarida yopiq vokal shakllardan qo'shiq yoki raqs kuylariga asoslangan kichik hajmli ariyalardan erkin foydalanadi. Jan Batista Lyulli operalaridagi muhim unsurlardan yana biri – *balet*dir. Bunda ham Lyulli milliy did, raqsga bo'lgan umumiy qiziqishdan kelib chiqadi

Balet musiqasining birinchi namunalari Italiyadan Fransiyaga XVI asrning ikkinchi yarmida kirib keldi va shundan e'tiboran balet musiqasi ham tan olindi. XVII asrda balet fransuz madaniyatiga milliy san'atning mustaqil turi sifatida "singib" ketdi. Balet bilimdoni hamda usta raqqos Lyulli janrni juda puxta ishlab chiqqan edi. Mustaqil balet spektakllaridan tashqari, u operadagi baletga jiddiy ahamiyat beradi. Balet orkestr musiqasining rivojlanishiga bevosita ta'sir qildi. Zero, xoreografiyadagi musiqa – so'zlar o'rnini to'ldirishi, aytish imkoniyati bo'lmagan tuyg'ularni ifodalashi zarur. Lyulli yaratgan yangi turdagi opera uvertyurasi o'zining originalligi bilan ajralib turadi. U "fransuzcha uvertyura" nomini oldi. "Fransuzcha uvertyura" uch qismdan iborat bo'lib, 1- qismda og'ir, tantanali, salmoqli bo'lsa, 2-qism tez va yengil, ko'p hollarda fugalashtirilgan holda bo'lgan, 3-qism esa, xarakteri bo'yicha birinchi qismga yaqin bo'lgan. Umuman Lyulli operalari dramaturgik jihatdan mustahkam kompozitsiyani tashkil etadi. Xor, balet, hajmli orkestr epizodlari – uvertyuralar, muqaddimalar, antraktlar, ommaviy-dekorativ sahnalar shaklning salobati va ishonarli chiqishida katta ahamiyatga ega edi. Bularning hammasi Lyulli operalarida qahramonlik mavzusi, sevgi va burch, hissiyot va ong o'rtasidagi qarama-qarshilikni faol rivojlanishi bilan uyg'unlashgan edi.

Nemis operasi. XVII va XVIII asrlardagi Yevropa davlatlari orasida iqtisodiy va siyosiy jihatdan Germaniya eng qoloq davlat hisoblanardi. Ilm fanda sxolastika va dogmatizm hukm surar edi; falsafa, huquq, matematika va hatto tabiatshunoslik din rahnamoligida edi. Nemis milliy operasini yaratish bo'yicha bir necha bor urunishlar bo'ldi. Shimoliy va Janubiy Germaniyada opera teatrlari paydo bo'lardi, biroq milliy yo'nalish noturg'un va juda qisqa edi. Nemis kompozitori Genrix Shyusning birinchi opera asari nemis opera tarixining boshlanishi bo'ldi. Uning "Dafna" operasi 1627 yil Torgau shahrida ijro etildi.

1678 yilda *Gamburg*da opera teatri ochiladi. Gamburg musiqa havaskorlarining jamiyati Collegium Musicum – shu kabi tashkilotlarning birinchisi edi. O'sha davrning eng savodli nemis san'atkorlaridan biri – *Natan Zigmund Kusser*ning mehnati Gamburg operasining badiiy jihatdan o'sishiga sabab bo'ldi. Biroq Gamburg operasining eng yorqin va qiziqarli davri Reynxard Kayzerning nomi va uning ijodi bilan bog'liq. *Reynxard Kayzer* (1674-1739) opera xonandachiligi shakllarini ixtiro qilish bilan shuhrat qozongan edi, orkestr sado berishi bilan keng miqyosda va erkin tarzda foydalana oladi, rechitativlar ustida puxtalik bilan ishladi. XVIII asrning birinchi o'n yilligi Gamburg operasi uchun gullab yashnagan davr bo'ldi. Gendel bilan musobaqalashib Kayzer "Oktavia", "Neron" operalarini yozdi, bu asarlar kompozitorning eng yaxshi asarlari hisoblanadi. Biroq Kayzerning o'zi operani inqirozi va uning barbod bo'lishiga sababchi bo'ldi. 1702 yil teatr boshqaruvi R.Kayzer qo'liga o'tadi va uning boshqaruvni bilmasligi natijasida bu korxonani bankrotlikka olib keladi. Keyinchalik Kayzerning asarlarida milliy o'ziga xos xususiyat xiralashib, o'chib boradi

Ingliz operasi. Angliyadagi milliy opera san'atining Germaniyadagidan ham qisqa davom edi. Ingliz teatrlari – musiqa, dramatik voqelikning uzviy, tarkibiy qismi bo'lib qoldi. Bunda demokratik musiqiy janrlar xalq improvizatsion komediyalari bilan tabiiy ravishda uyg'unlashib ketadi. Nozikroq pastorallar aristokratiya va saroy doiralari o'rtasida sevimli edi. Dramatik asarlar pardalar o'rtasidagi antraktlar *musiqiy intermediyalar* bilan to'ldirilar edi. Angliyada azaldan "maska" deb nomlanuvchi maxsus original musiqiy-dramatik janr mavjud bo'lgan. Milliy ingliz operasining asl va yagona yaratuvchisi **Genri Pyorsel** (1659-1695) bo'ldi. "Didona va Eney" – ingliz opera san'ati va XVII asr teatr musiqasi madaniyati merosining eng yaxshi numanalaridandir. Bu yerda G.Pyorsel buyuk iste'dodining yorqin qirralari namoyon bo'lgan. Chuqur, salobatli va samimiy lirizm, ingliz xalq kuylarining ajoyib ruhiyati, qurilmalarning benuqson mukammalligi aks etgan.

XVII asr G'arbiy Yevropa cholg'u musiqasi ijodning mustaqil sohasi bo'lgan cholg'u musiqasi o'z o'rnini birdaniga topa olmadi. Uzoq vaqt cholg'u musiqa – qo'shiqqa jo'rsoz sifatida qabul qilib kelindi. XVII asrda musiqa bilan shug'ullanishdagi turli shakllar – turmush va konsert ijrochiligining jadal rivojlanishi tufayli sezilarli darajada burilish yuz berdi. Bu jarayon polifonik va gamofonik musiqaning parallel rivojlanishi sifatida tasavvur qilish mumkin.

4.3. XVII – XVIII asrlar Yevropa musiqa san'ati.

XVIII asrning birinchi yarmi musiqa rivojlanishining ajoyib davri bo'ldi. XVII asrda paydo bo'lgan shakllar shu davrda rivojlanishning eng yuqori cho'qqisiga ko'tarildi. Bir-biridan yiroq, to'rtta davlatda yashab ijod qilayotgan to'rtta buyuk daho – Aleksandr Skarlatti Italiyada, Jan Filipp Ramo Fransiyada, Georg Fridrix Gendel Angliyada va Iogann Sebastyan Bax Germaniyada – o'z ijodi bilan shu davrning musiqiy san'atini belgilab berdi.

Ularning ijodini turlicha baholash mumkin. Bu baho did va

yo'nalishga bog'liq. Ammo tarixiy nuqtai nazardan qaralganda, to'rttala kompozitor ham, o'z sohasida, o'ziga yuklangan narsani a'lo darajada bajarishdi. Ulardan ikkitasi nemis millatiga mansub. Ularning ijod tafakkuri ulargacha Yevropa musiqasida bo'lgan barcha yutuqlarni o'zida jamlay oldi. XVIII asrning birinchi yarmida hali ham italyan musiqasi yuqori cho'qqilarga erishgan va hukmron edi. XVII asrda ham hali hanuz saroy qoshidagi kapellalarni boshqarish va teatrlarda xizmat qilish uchun italyanliklarni taklif etish va chaqirib olish odat tarzida edi va hattoki to'liq italyan operalari ta'sis etilardi. O'sha vaqtgacha qo'yilganlariga nisbatan spektakllar misli ko'rilmagan hashamatli va dabdabali edi. Italyanliklar nafaqat Germaniyada, balki hamma yerda, jumladan, Angliya, Polsha, Rossiyada birinchi edilar. Faqat Fransiya italyan operasiga qattiq qarshi turib, uning yaxshi va yomon tomonlarini inkor etardi. XVIII asrning birinchi yarmida Neapol Venetsiyadan ajraldi va opera sohasidagi musiqiy harakatni boshqarishni o'z zimmasiga oldi.

Shu davrgacha musiqa rivojida uncha muhim o'rin tutmagan Neapol Franchesko Provenseale va Aleksandro Skarlatti tufayli ma'lum maktab yo'nalishini yaratdi va shu nom bilan nomlanib mashhur bo'ldi.

Polifoniya (ko'p ovozli ma'nosini anglatadi) bir nechta bir xil ahamiyatga ega bo'lgan tovush yo'nalishining uyg'unlashuvi. Shu bilan polifoniya monodiyadan – bir ovozlikdan farq qiladi, monodiyada kuyni bir yoki bir necha ovoz unison bo'lib ijro etiladi. Ko'p ovozli uslubning asosiy ko'rinishlari – gomofonik va polifonik uslublaridir.

Gomofonik uslubda barcha ovozlar ustidan bittasi, asosiysi ustunlik qiladi, u kuyni boshqaradi, boshqalari bo'ysunuvchi ahamiyatga ega. Polifonik musiqada bosh va bo'ysunuvchi, melodik va jo'r bo'luvchi ovozlar yo'q: ularning har biri mustaqil ahamiyatga va o'zining rivojlanish yo'nalishiga ega. XIV – XV asrlarda polifoniya yuksak san'at darajasiga ko'tarildi. O'sha davrning o'zida ko'p ovozli musiqa "kontrapunkt" ("nota - notaga qarshi") nomini oldi.

Kontrapunkt – bu kuyni boshqarib borishning muayyan tizimi, bir nechta kuyni birga, o'zaro kelishuvdagi uyg'un sadolantirish san'ati. Polifoniyani eng muhim belgisi imitatsiyadir. Imitatsiya so'zi taqlid ma'nosini bildiradi. Polifoniyada bu ovozlarning navbat bilan o'z ijrosini boshlashi, unda har bir ovoz ma'lum vaqt o'tganda so'ng o'sha kuyni takrorlaydi. Cholg'u polifoniya birinchi navbatda *organ musiqasi*ning rivojlanishi bilan bog'liq. XVII asrda cholg'u musiqasi, xususan organ polifonik musiqasi o'zining yyetuk darajasiga erishdi. Asosiy janrlarning rivojlanish yo'nalishi aniqlandi: turli uslub va xarakterdagi epizodlarning erkin uyg'unligini o'zida namoyon etuvchi improvizatsion yo'nalish; imitatsiya tamoyillariga hamda izchillikka qat'iy rioya qiluvchi yo'nalish. Improvizatsiya turidagi pyesalarga – *prelyudiyalar, fantaziyalar, tokkatalar* kiradi; imitatsion uslubdan fuganing shakllanishi boshlanadi. Bu barcha janrlarning tugal shakllanishi I.S.Baxning ijodida ko'rindi.

XVI – XVIII asrga kelib Yevropa shaharlari raqslari nihoyat rangbarangligi bilan farq qiladi. Ularning qatorida vazmin, sokin harakatli (*pavana, allemanda, sarabanda, chakona*), o'rta-tez, sippanuvchi (*kuranta, menuet*), turli sakramalar, tez-irg'ishli (*galyarda, burre, gavot, jiga*) raqslari o'rin olgan. Raqslarning deyarli har biri xalq ichidan chiqgan bo'lib, shahar shart-sharoitida birmuncha o'zgarib, o'zini xalqchil negizlaridan uzoqlashib borgan. Aristokratlarning ulug'vor kuchini ko'rsatish maqsadini ko'zlagan va saroy marosimlarining qismiga aylangan bu raqslar jonli va xalqchil soddalik belgilaridan yiroqlashib, dabdabali ko'rinishga ega bo'ldilar.

Buyuk kompozitorlar Bax va Gendellar tomonidan qadimgi raqs syuitani eng yuksak namunalari yaratildi. Ularning syuitasidan oldin uvertyura, prelyudiya yoki variatsiyali ariya ijro etilgan.

Italiyada skripkachilar maktabiga asos solgan Arkandjelo Karelli o'z ijodida syuitani qadimgi sonata bilan yaqinlashtirdi. Uning talqinida sonataning biror bir qismini raqs xarakterida yozilgan: sarabanda, menuet, jigalar tashkil qiladi. Karelli asarlaridagi katta konsert pyesalarida –raqs o'zining xalqchil maishiy raqs musiqasi bilan bo'lgan aloqalarini butunlay uzadi. Kompozitor asarlarida qo'llagan raqsning nomini ham kiritmay, faqatgina adajio (vazmin), andante (shoshmay), vivache (juda tez harakatli) templari belgilash bilan cheklanadi.

Tayanch so'z va iboralar: Opera, balet, Italiya musiqa san'ati, Yevropa musiqa san'ati, polifoniya, kontrapunkt, organ musiqasi.

Mavzu bo'yicha savol va topshiriqlar

1. Italiya musiqa san'ati xususida nimalarni bilasiz.
2. Opera nima?
3. Balet nima?
4. Italiya operasi haqida nimalarni bilasiz.
5. Ottavio Rinuchchini, Yakopo Peri, Julio Kachchini bular qaysi opera maktabining namoyondalari edi, ular haqida nimalarni bilasiz.
6. Fransuz operasi haqidagi bilimlaringizni sinab ko'ring.
7. Fransuz baleti haqida nimalarni ayta olasiz.
8. Ingliz operasi haqida so'zlab bering.
9. Nemis operasi xususida qanday tushunchalar mavjud.
10. XVII – XVIII asrlar Yevropa musiqa san'ati haqida gapirib bering.
11. XVII asr o'rtalariga kelib opera san'atining Venetsiyaga ko'chishi qanday sodir bo'ldi?
12. XVII – XVIII asrlar Yevropa musiqa san'ati haqida gapirib bering.
13. Polifoniya nima?
14. Kontrapunkt nima?
15. Organ musiqasi xususida nimalarni bilasiz.

5-мavzu. Polifonik maktab namoyandalari: I.S.Bax (1685-1750), G.F. Gendel (1685-1759)
Reja:
1. I.S.Bax.
2. G.F.Gendel.
3. K.V.Glyuk.

5.1. I.S.Bax.

Iogann Sebastyan Bax 1685 yil Germaniyaning Eyzenax shaharchasida tug'ilgan. Baxlar avlodi azaldan o'zining musiqiy iqtidori bilan shuhrat qozonishgan edi. Ma'lumki, kompozitorning katta bobosi novvoylik hunari bilan bir qatorda, sitra cholg'usini chalargan. Bax ajdodlaridan naychilar, trubachilar, organchilar, skripkachilar yetishib chiqishgan. Pirovardida Germaniyadagi har bir musiqachini Bax deb, har bir Baxni esa musiqachi, deb atay boshlashgandi. Skripkada ilk ijro ko'nikmalarini u skripkachi va shahar musiqachisi sifatida tanilgan otasidan o'rgandi. Bola ajoyib ovoz sohibi bo'lib, shahar maktabi xorida kuylardi. Uning kelajakdagi kasbiga hech qanday shubha qolmagan edi. To'qqiz yoshida u yetim qoladi. Orduf shahri cherkovining organchisi bo'lib ishlaydigan katta akasi uni o'z tarbiyasiga oladi. Akasi bolani gimnaziyaga joylashtiradi va musiqadan ta'lim berishni davom ettiradi.

O'n yoshli tirishqoq bola uchun bu bir xildagi zerikarli mashg'ulotlar hisoblanardi. Shu sababli ham u o'zi mustaqil bilim olishga intilar edi. Akasining javonida mashhur kompozitorlarning asarlari yozilgan daftar borligidan xabar topgach, bola ularni tunlari xufiya ravishda olib, oyning shu'lasida notalarni ko'chirib yozar edi. Odamni toliqtiruvchi bu mashg'ulot olti oy davom etdi, u bo'lajak kompozitorning ko'rish qobiliyatiga beqiyos zarar ko'rsatdi. Akasi bir kuni uni bu ish ustida tutib, ko'chirilgan hamma notalarni olib qo'yganda, u juda qattiq xafa bo'lgan edi.

Iogann Sebastyan o'n besh yoshida mustaqil hayot

boshlashga qaror qiladi va Lyuneburg shahriga ko'chib ketadi. 1703 yilda u gimnaziyani tugatib, universitetga kirish huquqiga ega bo'ladi. Lekin Bax bu huquqdan foydalana olmadi, chunki u tirikchilik uchun mablag' topishi zarur edi. Bax hayoti davomida ish joyini o'zgartirgan holda, bir necha marta shahardan shaharga ko'chib yurdi. Buning sababi, deyarli har safar bir xil – qoniqarsiz mehnat sharoiti, kamsitishlar, komzitorning tobelikka bardoshi yo'q edi.

Biroq vaziyat qanchalik yomon bo'lmasin, uning yangi bilimlar, kamolot sari intilishi so'nmadi. U g'ayrat bilan nafaqat nemis, shuningdek, italyan va fransuz kompozitorlarining asarlarini muntazam ravishda o'rganib bordi. Bax atoqli san'atkorlar bilan shaxsan tanishib, ularning ijrochilik uslublarini o'rganish imkoniyatidan ham unumli foydalanar edi. Bir kuni yo'l kiraga mablag'I bo'lmagan yosh Bax mashhur organchi Bukstexude ijrosini tinglash uchun boshqa shaharga piyoda boradi.

Kompozitor o'zining ijodga bo'lgan munosabatini, musiqa san'atiga nisbatan qarashlarini ham shunday qat'iylik bilan himoya qilardi. Saroy ayonlari xorij musiqasiga mukkasidan ketgan bir vaqtda, Bax alohida muhabbat bilan nemis xalq qo'shiq va kuylarini o'rganib, ulardan o'z asarlarida keng foydalanar edi. Boshqa mamlakatlar kompozitorlari musiqasini to'la egallagan Bax ularga ko'rko'rona taqlid qilmadi. Egallagan keng va chuqur bilimi uning kompozitorlik mahoratini takomillashtirish va sayqallashtirishga yordam berdi.

Yosh Ioganning qobiliyati shu soha bilan chegaralanib qolmadi. U zamondoshlari ichida eng yaxshi organ va klavesin ijrochisi edi. Bax hayotlik davrida kompozitor sifatida e'tirof etilmagan bo'lsa ham, organ cholg'uchisi sifatida uning oldiga tushadigan yo'q edi. Buni, hatto uning raqiblari ham tan olishga majbur bo'lishgan.

Bax o'sha davrning mashhur fransuz organchisi va klavesinchisi Lui Marshan bilan musobaqalashish uchun Drezden shahriga taklif qilinadi. Oldinroq musiqachilarning o'zaro tanishuvi bo'lib, ularning har ikkisi ham klavessinda ijro mahoratlarini namoyish etishdi. Marshan o'sha kechaning o'zida Baxning so'zsiz ustunligini tan olgan holda shoshilinch ravishda shahardan jo'nab ketadi. Boshqa safar, Kassel shahrida Bax organ pedalida solo chalib, o'zining tinglovchilarini lol qoldiradi. Bunday yutuqlardan uning boshi aylanib qolmadi, aksincha doimo juda kamtarin va mehnatsevar inson bo'lib qoldi.

I.S.Bax 1703 yildan boshlab Veymar shahrida yashay boshlaydi. U knyaz kapellasiga skripkachi sifatida ishga kirdi. O'zining qaram holatidan qoniqmasdan, Bax Arnshtadt shahridagi yangi cherkov organchisi lavozimiga taklif olib, 1704 yili o'sha yerga ko'chib o'tadi. Bu shaharda Bax o'zining kompozitorlik faoliyatini xor, yakkaxon va orkestr uchun "Sen mening qalbimni do'zaxda qoldirmassan" pasxal kantatasidan boshladi. Shu yerning o'zida birinchilardan bo'lib, "Sevimli og'aning jo'nab ketishiga" kaprichchio klavir asari yaratildi. Bu asar klavir syuitasining bir turi bo'lib, tugallangan miniatyuralardan tuzilgan. Butun asarni umumiy nomlanish birlashtirib, uning ma'nosini har bir pyesaning alohida mazmunini yoritib beruvchi dasturli kichik sarlavhalar aniqlab beradi.

Bax Myulxauzen shahrida "Tanlangan kantata"sini yozdi. Ushbu cantata Bax hayotligi davrida nashr etilgan yagona asar bo'lib hisoblanadi.

1708 yilda Bax Veymar gersogi huzurida gof organchi va saroy musiqachisi xizmatini o'tay boshlaydi. Bu yerda kompozitor organ uchun bir qancha asarlar yozar, klavesin va skripka uchun bir qator pyesalar bastalar edi.

Veymar davrida kompozitor o'zining organ cholg'usi uchun eng yaxshi asarlarini yaratdi. Jumladan, re minor tokkata va fugasi, lya minor prelyudiya va fugasi, do minor prelyudiya va fugasi, ommalashib ketgan do minor passakaliyasi va boshqa asarlari ko'pgina asarlarini kompozitorning Veymar davriga kiritish mumkin. Bu asarlar mazmuni jihatidan ahamiyatli va chuqur, ko'lami jihatidan beqiyos sanaladi.

Veymarda fransuz klavesinchilari, xususan, Fransua Kuperen musiqasini o'rganish jarayoni kechardi. Uning ijodi misolida Bax klavir yozuvining uslublarini o'rganadi. Shu davrda Bax "Meni faqat quvnoq ov ovutar" deb nomlangan dunyoviy kantatasini yozadi, bu asar ilk bor 1716-yilda ijro etilgan. 1717 yilda Bax oilasi bilan Kyoten shahriga ko'chib o'tishadi. Kyoten shahzodasi saroyida Bax "kamer musiqasi direktori" lavozimiga tayinlanadi. Bu yerda Bax, asosan, klavir va orkestr musiqasini yozadi. Kompozitorning zimmasiga uncha katta bo'lmagan orkestrga rahbarlik qilish, shahzoda kuylaganda unga jo'r bo'lish va uni klavesinda chalish orqali ko'nglini olish vazifalari yuklatilgandi. O'z vazifalarini osonlikcha bajarib, o'zining bo'sh vaqtini butunlay ijod qilish uchun sarflardi. Bu vaqtda klavir uchun yaratilgan asarlari uning ijodida organ asarlaridan so'ng ikkinchi cho'qqini tashkil qildi.

Bax Kyotenda ikki ovozli va uch ovozli invensiyalar yaratadi (uch ovozli invensiyalarni Bax "sinfoniyalar" deb atardi). Bu pyesalarni kompozitor o'zining katta o'g'li Vilgelm Frideman bilan mashg'ulot o'tkazishga mo'ljallagan edi. Bax fransuzcha va inglizcha syuitalarni yaratishda ham o'z oldiga pedagogic maqsadlarni qo'ygan. Kyotenda 1722 yilda Bax "Yaxshi temperatsiyalangan klavir" deb nomlangan katta ishning birinchi jildini tashkil qiluvchi 24 prelyudiya va fugalarni yozib tugatdi. Shu davrda mashhur re minor "Xromatik fantaziya va fuga" ham yozildi.

Kompozitor hayotining so'nggi yillarida ko'zi jiddiy kasallanib qoldi. Muvaffaqiyatsiz operatsiyadan keyin Baxning ko'zlari ojizlashdi. Biroq shu ahvolda ham u ijod qilishni davom ettirdi, o'z asarlarini yozib olish uchun kuylab, aytib turardi.

Polifonik pyesalarning ikki turkumi – "Musiqiy hadya" va "Fuga san'ati" Baxning oxirgi asarlari bo'ldi, ularda polifonik mahorat muammosiga yuqori darajadagi yechimlar topilgan. Bu asarlarda Bax kontrapunkt, polifonik shakl va fugadagi mavjud texnik imkoniyatlarni mahorat bilan ko'rsatib bera olgan edi.

1750 yil 28 iyulda Iogan Sebastyan Bax vafot etdi. Uning o'limi musiqiy jamoatchilik tomonidan deyarli e'tiborsiz qoldi. U ko'p o'tmay unutilib ketdi. Baxning rafiqasi va kichik qizining hayoti ayanchli kechdi. Anna Magdalena o'n yildan so'ng qashshoqlar uyida vafot etdi. Kichik qizi Regina muhtojlikda hayot kechirdi. Uning og'ir hayotining oxirgi yillarida Betxoven yordam berib turdi. Avliyo Foma cherkovida qabr toshi bo'lib, u yerga buyuk kompozitorning xoki dafn etilgan. Hozir bu joy Baxning qudratli salohiyati muxlislarining doimiy ziyoratgohiga aylangan.

5.2. G.F.Gendel.

O'tmishning ko'pgina buyuk insonlari kabi Georg Fridrix Gendel – nemis jamiyatining quyi pog'onasidan chiqqan. Uning ajdodlari hunarmandchilik bilan shug'ullanganlar. Gendelning otasi, sartarosh-xirurg Yevropaning turli (shved, sakson) armiyalarida xizmat qilgan va ko'p sayohatlardan so'ng, nihoyat o'z shahri Galleda qo'nim topadi. Qattiq harakati va tirishqoqligi bilan u sakson Gersogi saroy xirurgi lavozimiga erishdi va o'g'lining, bo'lajak kompozitorning tug'ilish vaqtiga kelib anchagina boylikka ega bo'ldi.

Kompozitorning onasi turmush o'rtog'iga juda mos edi. O'zining g'ayratshijoati, ruhiy va jismoniy sog'lomligi bilan eridan qolishmasdi. Ular o'z o'g'illariga jismoniy sog'lik, ruhiy vazminlik, amaliy zehn, tolmasdan mehnat qila olish ko'nikmalarini singdra oldilar.

Musiqaga qiziqish. Saxau bilan mashg'ulotlar. Georg Fridrix Gendel 1685-yil 23-fevralda Galle shahrida tug'iladi. Bolaligidan boshlab unda ajoyib musiqiy qobiliyat hamda tovushlar, musiqa dunyosi bilan bog'liq barcha narsaga qiziqish namoyon bo'ldi. Biroq bolaning musiqiy qiziqishlari otasining qarshiligiga uchradi. Ko'pchilik boy nemis byurgerlari kabi, Georg Gendelning fikricha, musiqachilik hunar hisoblanmasdi. G'ururli va izzattalab bo'lgan ota o'z o'g'li uchun boshqa kelajakni, nemis byurgerlari orasida hurmatli bo'lgan yurist kasbini ravo ko'rardi. Ammo kichik Gendelning musiqaga bo'lgan tabiiy intilishi barcha to'siqlarni buzar edi. Yetti yoshligida u o'zining organdagi ijrosi bilan saksoniya Gersogini taajjubga soladi. Gersog oldidagi muvaffaqiyatli chiqish kutilgan natijani berdi. Gendel shahardagi eng yaxshi san'atkor va pedagog, organchi Fridrix Vilgelm Saxau bilan muntazam ravishda musiqiy mashg'ulotlar olib borish imkoniyatini qo'lga kiritdi. Aqlli va yetarli ma'lumotga ega bo'lgan iqtidorli kompozitor Saxau, o'z o'quvchisiga mislsiz darajada ta'sir o'tkazdi. Gendelning zamondoshi va do'sti, nemis musiqa nazariyotchisi va yozuvchi Mattezon Saxauning yosh Gendel bilan mashg'ulotlari haqida shunday yozgan edi: "Bu inson (ya'ni Saxau) san'atkor sifatida juda kuchli edi va unda qancha iqtidor bo'lsa, shuncha xayrixohlik bor edi. U o'zining butun kuchini o'quvchining garmoniya asoslari bilan tanishtirishga sarfladi. Keyin uning fikrini kompozitsiya san'atiga qaratdi; musiqiy g'oyalarga takomillashgan shakl berishni o'rgatdi; uning didini noziklashtirdi. Unda italyan va nemis kompozitorlarining ajoyib kolleksiyasi bor edi. U Gendelga turli xalq musiqalaridan yozib olish va bastalash usullarini va shu vaqtning o'zida har bir kompozitorning yutuq va kamchiliklarini ochib berdi"[6].

Saxauning rahbarligida Gendel nemis kompozitorlari – Froberger, Kerl, Paxelbellarning organ polifoniyasi va improvizatsiya uslubini o'rganadi, milliy san'at asarlarini diqqat bilan tinglashni, ularning ichiga kirib borishni o'zlashtirdi.

Gendelning birinchi ijodiy tajribalari o'n yoshlik davriga to'g'ri kelib, bunda u o'zining sevimli cholg'usi bo'lgan goboyga qator pyesalar – ikki goboy va bas uchun oltita trio yozadi.

---

[6] Romen Rollan. Gendel. 20 jildlik asarlar to'plami, 17-jild. – L., 1935, 11-b.

Saxau bilan o'tkazilgan mashg'ulotlar Gendelga faqat keng ma'lumot, klavesin va organni mohirona o'zlashtirish, orkestr cholg'ularini o'rganish bilan cheklanib qolmadi, balki unda bolalik chog'idan turli musiqiy voqelikni tushunib, o'zlashtirib, ulardan o'zi uchun eng muhim va qiziqarli ma'lumotlarni olishni o'rgandi. Kelajakdagi ijodiy ish bilan kuchaytirilgan bu sifatlar, ayniqsa, Gendel musiqasining universal sifatini shakllanishida yordam berdi.

O'n ikki yoshida Gendel Berlindagi Brandenburg kurfyurstining saroyiga birinchi marta konsert qo'yish uchun bordi. Gendel Prussiya poytaxtida san'atkorlarga nisbatan yaxshi munosabat bo'lgan paytda kelib qoladi. Malika Sofiya Sharlottaning sevgan san'at turi musiqa bo'lib, Berlin saroyiga tez-tez yirik san'atkorlar va kapelmeysterlar taklif qilinib turilardi. Opera tomoshalari saroy konsertlari bilan almashib turar, ana shu konsertlarning birida, qiziqarli yangilik sifatida yosh klaverchining klavesindagi konserti bo'lishi lozim edi. Muvaffaqiyat shu darajada katta bo'ldiki, kurfyurst unga o'z saroyida qolib xizmat qilish taklifini bildirdi hamda musiqiy bilimini takomilga yetkazish uchun Italiyaga borishi mumkunligini aytdi. Bu safar kurfyurstning homiyligini Gendelning otasi qat'iy qarshilik bilan rad etadi. Bir tomondan u o'g'lining yosh chog'idan saroy xizmatiga bog'lanib qolishini xohlamagani bo'lcha, yana bir jihati u hali ham o'g'lining yurist bo'lishidan umidvor edi.

Universitet. Organchilik xizmati. 1697 yil otasi vafot etdi va bu Gendelni musiqachilikka bo'lgan ta'qiqdan xalos qildi. Shunga qaramasdan otasining vasiyatini bajarib, Gendel gimnaziyada o'qishni davom ettirdi va u yerda to'liq kursni tugatib, universitetning yuridik fakultetiga o'qishga kirdi.

Galledagi universitet 1694 yilda ochilgan bo'lib, bu yerda anchagina ilmiy salohiyat to'plangan edi. Gendel o'qigan paytda, universitetning professorlari orasida, atoqli nemis

ma'rifatchisi Xristian Tomazius ham ishlar edi[7].
Yuridik fanlar kursini o'tish bilan bir vaqtda Gendel cherkov organchisi sifatida xizmatga kirdi. Gendelning xizmat vazifasiga gimnaziyada musiqadan dars berish kirardi. O'quvchilardan tashkil topgan xor va orkestr bilan dam olish kunlari shaharning turli cherkovlarida konsert berardi. Har haftalik konsertlar repertuarni yangilab borishni talab etar, va Gendelning o'zi ham ko'plab kantata, xoral, motet[8] va psalmlar ijod qilar edi.

Galleda yaratilgan ko'plab asarlardan birortasi ham saqlanib qolmadi, biroq kompozitorning boy xotirasi uning musiqiy tafakkuri yaratgan barcha asarlarini saqlab qolgan edi. Tadqiqotchilarning ta'kidlashlaricha, ularning ko'plaridan u keyingi asarlarida foydalandi.

Musiqa sohasidagi faoliyatning muvaffaqiyatli boshlanishi kasb tanlash masalasini uzil-kesil aniqlab berdi. O'zini san'atga, ijodga bag'ishlash niyatida, Gendel universitetni tashlab, nemis milliy operasining poytaxti bo'lgan Gamburgga keladi.

1703 yilning bahorida Gendel Gamburgga ko'chib o'tdi. Kayzer boshchiligidagi Gamburg operasi gullab-yashnagan payt edi. Yosh san'atkor birinchi marta musiqiy teatr bilan uchrashadi va bu uning opera kompozitori bo'lish istagini mustahkamlaydi.

Shu yillar teatrning direktori bo'lib ishlayotgan, iqtidorli

---

[7] Tomazius jaholat va xurofotga qarshi dadil kurash olib borardi, milliy ilmfan yaratilishi va undan barcha odamlar
foydalana olishi tarafdori edi. Ayniqsa, u har yili minglab qurbonlarga sabab bo'luvchi jodugarlik va sehrgarlikka
qarshi jon-jahdi bilan isyon ko'tarardi. Gendelning ma'naviy yetilishiga Tomaziusning ta'siri qanchalik bo'lganligi
xususida biror narsa deyish qiyin. Ammo, uning qabul qila olish darajasini bilgan holda Gendelni boshqalardan har
doim ajratib turuvchi insonparvarlik tuyg'usi va keng dunyoqarashining rivojlanishiga Tomaziusning nasihatlaridan
olgan xulosalar sezilarli rol o'ynadi deyish mumkin
[8] Motet – ko'p ovozli kuylashning eng qadimiy shakllaridan biri.

opera kompozitori Reynxardt Kayzerdan Gendel koʻplab badiiy qimmatli va milliy xususiyatlarni oʻziga oldi. Gendelning mahalliy ziyolilar bilan uchrashuvlari va doʻstona munosabatlari uning badiiy va amaliy faoliyatining rivojlanishi uchun katta ahamiyatga ega boʻldi. **Mattezon bilan doʻstlik. Birinchi operalar.** Yorqin va har taraflama iqtidorga ega boʻlgan shaxs – Mattezon (1681-1764) bilan doʻstlik, ayniqsa, qiziqarli va samarali boʻldi.

Universal ma'lumotga ega Mattezon iqtidorli san'atkor edi: u koʻplab orkestr cholgʻulari hamda turmushda odat boʻlgan sozlarda chalar, Gamburg opera teatri uchun asarlar yozar va sahnalashtirar, librettolarni ham oʻzi yozar, qoʻshiqchi va kapelmeyster sifatida sahnaga chiqar edi. Olim-nazariyotchi, vatanparvar va milliy madaniyatning ehtirosli tarafdori boʻlgan Mattezon musiqiy tanqidchilik va publisistikaga katta e'tibor berar edi. Uning faoliyatida bu soha eng qimmatlilaridan biri boʻldi. Koʻplab musiqiy-nazariy va estetik masalalar, alohida asarlarning tahliliga bagʻishlangan nashrlar hamda turli maqolalar uning qalamiga mansubdir. U birinchi nemis musiqiy-tanqidiy jurnaliga asos soldi, keyinroq esa "Ehrenpforte" kitobini nashr qildi. Bu kitobda oʻz zamonining buyuk san'atkorlarining hayoti va ijodiy faoliyati haqidagi ma'lumotlar toʻplangan.

Mattezon va Gendel oʻrtasidagi doʻstlik avvaliga juda qalin boʻldi. Ular birgalikda konsertlar, operalarga borishardi. Mashhur Bukstexudening konsertlarini tinglash uchun ikki marta hamkorlikda Lyudek shahriga (1703-1705 yy.) safar qilishgan.

Asli gamburglik boʻlgan Mattezon bolalikdan shaharning ziyoli va artist doiralari bilan bogʻliq edi. Oʻz doʻstiga rahnamolik qilib, uni shu muhitga olib kirdi va tez orada Gendel dars olib Gamburg operasining ikkinchi skripkachisi oʻrnini egalladi. Yosh san'atkorlarning bir-biriga yaqinligi ularning ikkovlari uchun ham foydali va samarali boʻldi. Agar Mattezon oʻsha yillarda ma'lumoti va aqliy rivojlanishi boʻyicha Gendeldan ustun turgan boʻlsa, Gendel nafaqat oʻz iqtidorining kuchi, balki yyetuk ijrochilik mahorati hamda musiqiy bilimi bilan ajralib turardi. O'zini Gendeldan ustun qo'yishga moyil Mattezon "organda chalishda, fugada va kontrapunktda hamda ayniqsa, ex tempore (improvizatsiyada) so'zsiz kuchli" ekanligini tan olardi[9]. Ijrochi va pedagog sifatida Gendelga katta e'tibor bera boshladilar, bu ijodiy buyurtma va takliflarning ko'payishiga sabab bo'ldi. Shu tariqa Gendelning "Ioann nomidan Yevangelga iztiroblar" oratoriyasi paydo bo'ldi. "Almira" operasi monumental shakllar sohasida navbatdagi tajriba bo'ldi. Uni 1705 yil 8 yanvarda ijro etdi va mislsiz muvaffaqiyat qozondi. Tez orada bundan kam bo'lmagan muvaffaqiyat bilan Gendelning ikkinchi "Neron" operasi qo'yildi. Italyan operasining universal uslubini o'zlashtirish uchun Gendel Gamburgni tashlab Italiyaga yo'l oladi.

Italiya davri asarlari. Italiyaga Gendel 1706 yilning kuzida keldi va u yerda to'rt yilcha yashadi. U Italiyaning badiiy madaniyati bilan shuhrat qozongan Florensiya, Rim,

---

[9] Mustaqil san'atkor sifatida shakllanib borgani sari aftidan Gendel uchun rahnamosining homiyligi og'irlik qilib
borardi. Tushunmovchiliklar oxir-oqibat janjalga olib keldi va bu janjal Gendel uchun fojiaviy tugashiga sal qoldi.
Bu haqda shunday hikoya qilinadi: teatrda Mattezonning "Kleopatra" operasi ketayotgan edi. Muallif klavesin
yonida dirijyorlik qilib, bir vaqtning o'zida Antonio rolini ijro etardi. O'zining sahnaga chiqish vaqtlarida klavesin
yonidagi joyni Gendelga bo'shatib berardi. Spektaklning oxiriga yaqin qahramon Antonio o'ladi va Mattezon teatr
libosida yakuniy olqishlarni qabul qilish uchun klavesin yoniga qaytadi. Kunlardan bir kun navbatdagi spektakl
vaqtida Gendel Mattezonga dirijyorning joyini bo'shatib berishdan bosh tortadi, natijada teatr binosidan chiqishda
ular bir-biriga qo'llarida qilich bilan tashlanishadi. Mattezon qilichining uchi Gendelning kamzulidagi temir
tugmachaga tegib chetga sirg'alib ketadi, oddiy tasodif bilan Gendelni o'limdan saqlab qoladi. Janjal yarashish bilan
tugadi, biroq avvalgi do'stlikni tiklab bo'lmadi.

Venetsiya, Neapol kabi yirik shaharlarida bo'ldi. Bir yilga yaqin vaqt davomida Gendel Italiyada opera kompozitori sifatida chiqishga jur'at qila olmadi. Lekin organ va klavesinda u tez orada mohir sozanda, tengi yo'q improvizator sifatida shuhrat qozondi.

Shu vaqtda atrofdagi vaziyatga diqqat bilan razm solib, Gendel yangi musiqiy did va odatlarga o'rganishga harakat qildi. Daholarga xos bo'lgan o'tkir badiiy tafakkur bilan u italyan musiqa uslubining ko'plab nozik tomonlarini va xususiyatlarini xotirasiga jo qildi. Kantatalar va lotin plasmlari ustidagi ish vocal yozuvi uslubini o'zlashtirishda birinchi bosqich bo'ldi.

Italiyadagi bir yillik hayotdan so'ng, 1707 yilning kuzida Gendel Florensiyada o'zining birinchi operasi "Rodrigo" bilan chiqdi. Bu asar qozongan zo'r muvaffaqiyat Gendelni darhol navbatdagi "Agrippina" operasini yozishga undadi. Ammo ushbu opera ancha kechroq, 1709 – 1710 yillar karnaval mavsumida Venetsiyada qo'yildi.

1708 yilning bahorida Gendel Venetsiyadan Rimga qaytib keldi. Florensiyadagi "Rodrigo"ning muvaffaqiyati haqidagi xabar musiqa va san'at doirasidagilarning diqqatini yana jalb qildi. Kompozitor uchun Running eng dong'I ketgan xonadonlarining eshiklari ochildi, uni Rim metsenatlari badiiy olamning yirik vakillari to'planadigan o'z salonlariga ketma-ket taklif qilardilar. U marqiz Ruspolining hashamatli bog'larida o'tkaziladigan Arkad akademiyasining aziz mehmoni bo'lar, kardinal Ottoboni saroyida tashkil etilgan qiziqarli konsertlarda ishtirok etardi. Papa kapellasining bosh boshqaruvchisi kardinal ixtiyorida Italiyaning eng yaxshi orkestri (birinchi skripkada Korelli chalar edi), Sikstin kapellasidan mohir qo'shiqchilar bor edi. Oldindan tayyorlangan konsertlar improvizatsiyalashtirilgan musiqiy va poetik chiqishlar, turli badiiy musobaqalar bilan almashib turardi.

Gendelning ijrochilik faoliyati. Gendelning ijrochilik faoliyati mislsiz keng ko'lamga yetadi. Dastlab klavesin va organda xususiy uylarda: nomdor metsenatlar saroylarida, Londonning boy savdogarlari huzurida ijro etishiga to'g'ri keldi. Astasekin bu chiqishlar ochiq konsert ko'rinishiga ega bo'lib, ularda Londonning keng ommasi ishtirok eta boshladi. Odatda bu konsertlar operalarning pardalari o'rtasidagi antraktlarda klavesin improvizatsiyalar va oratoriyalar qismlari o'rtasidagi organ ijrolaridan tashkil topgan edi. Gendelning bunday konsertlari London ommasini uzoq vaqtlar jalb qilish uchun omil bo'lib xizmat qildi.

Artist Gendelning obro'si juda baland bo'lib, mohir – improvizator sifatida hech kim u bilan bahslashishga botina olmasdi.

Vafotidan bir necha kun oldin, 1759 yilning 6 aprelida Gendel "Messiya" oratoriyasiga dirijyorlik qiladi. Ijro paytida u holsizlanadi va biroz vaqt o'tgandan so'ng 14-aprelda u dunyodan ko'z yumdi. Vasiyatnomada ko'rsatilganidek Gendelni Vestminsterdagi qabristonga dafn etishdi.

5.3. K.V.Glyuk.

K.V.Glyuk 1714 yil Chexiya chegarasi yaqinidagi Erasbaxda, o'rmon xodimi oilasida tug'iladi. Dastlab musiqa tarbiyasini u Pragada oladi. Bu yerda cherkov xorida kuylaydi. O'sha zamonda mashhur bo'lgan, ajoyib polifoniya ustozi Boguslav Chernogorskiy rahbarligida general-bas bilan kontrapunktni o'rganadi. Biroq, bu yillarda Glyuk kompozitorlik faoliyati bilan deyarli shug'ullanmaydi.

1736 yili u Venaga ko'chib keladi. Avstriya poytaxtining hayoti Glyuk ijodining shakllanishiga katta ta'sir ko'rsatadi. Bu yerda u Venada deyarli tanho hukmronlik qilib turgan italyan operasi bilan bevosita to'qnash keladi (aytganday Venada Metastazio yashar va ishlar edi) bu yerda u turli ko'rinishlardagi Avstriya musiqa madaniyatini (turmushiga oid qo'shiqlardan tortib, kompozitorlik ijodigacha) va uning ko'p millatli xususiyatlarini ham yaxshi bilib oladi.

Glyukning Milanda (1737-1741) ishlashi uni italyan operasi bilan yanada yaqinlashtiradi. Biroq, Glyuk kompozitorlik mahoratining yetilmaganligini sezib, mashhur italyan kompozitori, nazariyotchisi, dirijyori va organchisi Djovanni Battist Samartini rahbarligida boʻlishini mukammallashtirishda davom etadi. Glyuk oʻziga zamondosh italyan operalarini tinglab, opera ijodini amalda oʻzlashtirib olgan boʻlsa, kamer va simfonik musiqasi, endigina vujudga kelayotgan davrda, shu musiqaning ajoyib ustozi boʻlmish Samartini bilan birgalikda olib borgan mashgʻulotlari unda cholgʻu tipidagi musiqa tafakkuri vujudga kelishiga yordam beradi. Glyukning yyetuk operalarida cholgʻu negizi (orkestr partiyasi) ning roli kuchayib qolganligi bejiz emas, opera uvertyuralari esa XVIII asr ilk Vena klassik simfonizmining ajoyib namunalaridir.

1741 yili Glyuk Milanda Metastazio tekstiga oʻzining "Artakserks" nomli birinchi operasini yozadi. Undan keyin Italiyaning turli shaharlarida qoʻyilgan boshqa operalari: "Demetriy"(1742) "Demofont"(1942), "Tigrana"(1973) "Sofonisba"(1744) yaratilgan. Mazkur operalaridan ayrim nomerlargina bizgacha yetib kelgan. Shartli tomonlari juda koʻp boʻlgan an'anaviy opera-seria asoratida turgan boʻlsa ham Glyuk mana shu ilk operalaridayoq, balki instinktiv tarzda opera - serianing kamchiliklarini yoʻqotishga uringanligini ta'kidlash kerak. Kelgusidagi opera islohotining belgilari turli operalarda va har xil darajada (lekin ayniqsa "Gipermnestra"da) paydo boʻlib boradi, rechitativlar dramatik ma'nodorligining kuchayishi, uvertyuraning opera bilan birmuncha yaqinroq bogʻlanishi shular jumlasidandir. Samartini bilan oʻtkazilgan mashgʻulotlari yaxshi ta'sir koʻrsatib borganligi tufayli Glyuk uvertyuraga koʻproq diqqat bilan qaray boshlaydi.

Vena va bir qancha Italiya shaharlaridan tashqari, Glyukning boshqa mamlakatlarda ham boʻlishi badiiy bilimlari doirasining kengayishi, mahoratining takomillashib borishiga yordam berdi. 1746 yildan boshlab u Angliyada yashaydi va Mingoti degan Italyan opera gruppasiga boshchilik qiladi.

Londonda Glyuk G.F.Gendelning opera va oratoriya ijodi bilan tanishadi, bu uning o'z musiqalidramatik prinsiplarini ishlab chiqish uchun kattagina ahamitga ega bo'ladi. An'anaviy opera-seriaga qarshi turadigan xususiyatlar: operani tuzishda bir qolipdagi sxema yo'q qilinganligi, ariya va rechitativlarning dramatiklashtirilganligi, xorlarning ahamiti kuchaytirilganligi Gendelning eng yaxshi operalariga xos edi.

Glyukning Mingotti opera gruppasiga boshchilik qilishi operalar hamda dramatik serenadalarni yaratish va qo'yish sohasidagi zo'r faoliyati Londondan keyin Germaniya, Avstriya, Daniya, Chexiya, Italiyaning turli shaharlarida davom yetdi. U operalar yozibgina qolmay, balki xonandalar bilan birga ishladi, dirijyorlik qildi. Glyuk Londonda "Artalina" va "Gigantlarning mahv bo'lishi" (1746), "Drezdenda Gerakl bilan Geba to'yi" (1747), "Pragada tanilgan Semiramida" (1748) va "Etsio" (1750), Neapolda "Temmak" (1750) va "Tit saxovati" (1752) operalarini qo'ydi. Glyuk hayotidagi darbadarlik Venada poyoniga yetdi. Venaga u opera gruppasiga rahbarlik qilishda ijodiy va ommaviy tajriba bilan boyigan holda qaytib keldi. Bu yerda u 1754 yilda o'rnashib oldi va 1773 yilgacha yashadi. Venada yashashining birinchi yillarida yozgan operalari ("Kechirilgan soddadillik" (1755), "CHo'pon qirol" (1756) mohiyat e'tibori bilan olganda, avvalgi operalardan hali kam farq qilar edi. Glyukning mana shu davrdagi ijodiy faolitida fransuz hajviy operasi sohasida Venadagi fransuz teatri uchun ishlashi ancha muhim bo'ldi.

Glyukning Venada balet sohasidagi ishlarini tilga olib o'tmaydigan bo'lsak, ijodning islohotdan oldingi davriga beriladigan xarakteristika chala bo'lib qoladi. 1755 yili uning "Xitoy shahzodasi" va "Aleksandr" baletlari 1761 yili esa, ayniqsa muhim ahamiyatga ega bo'lgan "Don – Juan" baleti qo'yildi.

Glyukning opera islohoti tamoyillari: Glyuk o'zining opera islohotidagi asosiy tamoyillarni «Alsesta» operasi partiturasiga bag'ishlovida bayon etilgan. Glyuk o'z operasini haqqoniylik va soddalikka tayanib yaratgan. Operada musiqa qahramonlar tuyg'ularini, iztirob va kechinmalarini ochib berishi kerak.

Glyuk operasi musiqiy dramaturgiyasining asosiy maqsadi musiqaning organik sintezi va dramatik ta'siridan iborat edi. Glyuk musiqasi qahramonlarning ichki kechinmalarini ochish vositasidir. Shuning uchun u dramaga bo'ysundirilishi barcha dramatik o'zgarishlarga hushyor javob berishi kerak, deb hisoblardi. Glyukning islohotchilik operalarida musiqa dramatik voqeliklar bilan uyg'unlikda rivojlantirilgan. Musiqa aynan dramatik harakatni ifodalash uchun asosiy vosita sifatida namoyish etilgan.

Ariya va rechitativlar talqini. Glyuk opera spektaklining barcha elementlari asosiy maqsad - musiqa va dramatik voqealarning bog'lanishiga bo'ysundirilgan. *Ariya* dramatik voqea rivojiga uzviy ravishda qo'shiladi, qahramonning tuyg'u va kechinmalari holatiga muvofiq quriladi. Ariya xonandalarning vokal san'atini namoyish etuvchi konsert nomeri sifatida gavdalanmaydi.

Glyuk operalarida *rechitativlar* musiqiy ifodaviyligi bilan ajralib turadi. Ular afsonaviy seria operasidagi kabi konsert nomerlari orasidagi bog'lovchilik vazifasini o'tashdan to'xtaydi. Shu tariqa musiqiy nomer va rechitativlar orasidagi keskin chegara mavjudligi yo'qola boradi. O'zining mustaqil vazifasini saqlab qolar ekan, ariyalar, rechitativlar va xorlar katta dramatik sahnalarga birlashadi. Misol sifatida «Orfey» operasi ikkinchi ko'rinishidagi birinchi ariya va birinchi manzarani keltirish mumkin.

Glyuk musiqasi umuman olganda, har doim uning spektakllaridagi ulug'vorlik xarakteri bilan bir butunlikni tashkil qiladi. Musiqa sodda va yaxlit bo'yoqlarda yozilgan. Har bir ariya bir tuyg'u va bir hissiyotni gavdalantiradi. Islohotchilik operalarida Glyukning badiiy meyor hissi va ifodadagi oliyjanobligi o'zgarmagan.

Glyuk rechitativlaridagi dramatik ifodaviylik opera san'ati

so-hasida katta yutuq bo'ldi, ularda tuyg'ular dinamikasi yorqin ifodasini topgan. Ariya va rechitativlar bilan bir qatorda, operaning dramatik mazmuniga uzviy ravishda xor ham qo'shiladi, ular ariyalar va rechitativlar majmuida mahobatli opera kompozitsiyasini tashkil qiladi.

• Glyuk operasi musiqiy dramaturgiyasining asosiy maqsadi musiqaning organik sintezi va dramatik ta'siridan iborat edi.

• Glyuk musiqasi qahramonlarning his-tuyg'ularini ochish vositasidir va shuning uchun u dramaga bo'ysundirilishi, barcha dramatik o'zgarishlarga hushyor javob berishi kerak, deb hisoblardi.

Tayanch so'z va iboralar: organ ijodi, kamer asarlar, musiqali drama va kontatalar, operalaridagi rechitativlar.

Mavzu bo'yicha savol va topshiriqlar

1. I.S.Baxning organ ijodi xususida nimalarni bilasiz?
2. Baxning qanday kamer asarlari mavjud?
3. I.S.Baxning musiqali drama va kontatalari haqida nimalarni bilasiz?
4. Georg Fridrix Gendel hayoti va ijodi xususida gapiring.
7. Yosh kompozitorning Saxau bilan olib borgan mashg'ulotlari.
8. Kompozitorning Universitetidagi organchilik xizmati.
9. Gendelning Mattezon bilan do'stlashuvi.
10. Gendelning Italiya davri ijodi haqida gapiring.
11. Gendelning hayoti va ijodining so'nggi yillari.
12. K.V.Glyuk ijodiga xarakteristika bering.
13. Glyuk opera islohotchisi sifatida.
14. Glyuk operalaridagi rechitativlar haqida gapirib bering.

6-мavzu. Vena klassik maktabi.
Frans Yozef GAYDN (1732-1809), Volfgang Amadey MOTSART (1756-1791), Lyudvig Van BETXOVEN (1770-1827)
Reja:

1. Y.Gaydn.
2. V.Motsart.
3. L.Betxoven.

6.1. Y.Gaydn.

Gaydn garchand operalar ham yozgan bo'lsa-da, lekin ijodida cholg'u musiqasi har qalay kattaroq ahamiyatni kasb etdi – u Vena maktabiga mansub klassik cholg'u musiqasi asarlari ijodkorlarining biri bo'ldi. 1755 yili Gaydn zo'r musiqa ixlosmandi, o'qimishli kishi – Fyurnberg degan pomeshchik mulkidagi musiqa to'garagining qatnashchisi bo'lib qoldi. Tez-tez kvartet kechalari uyushtirib turadigan Fyurnberg skripka partiyasining ijrochisi sifatida Gaydnni taklif etdi. Bu to'garak uchun Gaydn yigirmata kvartet yozib berdi. Yangi uslub xususiyatlari endi juda tayinli bir tusda ko'zga tashlanib qoladiki, bular uning keyingi asarlarida anchagina rivoj topib bordi: musiqasining nihoyat darajada jo'shqin va quvnoq, hazil-mutoyiba ohangida bo'lib, xalq raqsi va xalq qo'shig'iga asoslanganligi, gomofoniyali-garmonik prinsipda bayon qilinganligi shular jumlasidandir.

Gaydnning bir nechta dastlabki simfoniyalari ham xuddi shu davrga mansub, bularni u 1759 yildan boshlab, chex grafi I.F.Morsin saroyida kapelmeysterlik lavozimida ishlagan paytida yozgan. O'sha graf o'zining Chexiyadagi Lukavets degan amlokida 12 kishidan iborat kichik orkestr kapellasini saqlar, bunga Gaydn rahbarlik qilar edi. Orkestr kapellasi tarkibining kichik bo'lishi XVIII asr o'rtalaridagi saroy musiqasi turmushi uchun tipik hodisa edi. Orkestr uchun yozilgan musiqa (divertismentlar, simfoniyalar) bilan kamer ansambli uchun yozilgan musiqa o'rtasida hali aytarli farq yo'q edi. Gaydnning birinchi kvartetlari bilan birinchi simfoniyalari o'rtasida ham uncha farq bo'lmagan. Ikkinchi tomondan, musiqasining xarakteri, obrazlarining doirasi jihatidan simfoniya raqs divertismen-tiga yaqin turardi.

Shunday qilib, atrofdagi musiqali hayotning eng muhim va kerakli tomonlarini o'zlashtirib olish – Gaydn ijodiyoti dastlabki davrining eng asosiy natijasi mana shu bo'ldi. U yaratgan kvartetlar bilan simfoniyalar kompozitor ijodiyotining asosiy yo'nalishini belgilab berdi va cholg'u tafakkurining xarakterli xususiyatlarini endi o'ziga mujassam qilib oldi.

Gaydn ijodiy faoliyatining ikkinchi davri knyaz Estergazi saroyida kapelmeyster va kompozitor bo'lib ishlashi (1761-1791) bilan bog'liq. Estergazi degan venger zodagonlarining nomi faqat Gaydn tarjimai holidagina emas, balki boshqa buyuk kompozitor-larning tarjimai hollarida ham uchraydi[10]. Pavel Anton Estergazining Gaydn boshchilik qilgan orkestr kapellasi knyazning Eyzenshtadt shahridagi qarorgohida (Venadan 20 milcha narida) joylashgan bo'lib, avval 14 kishidan iborat edi. Orkestr hay'atiga, to'rtta skripka, alt, violonchel, kontrabas, fleyta, 2 ta goboy, 2 ta fagota, 2 ta valtorna kirardi. Bu orkestr uchun Gaydn simfoniyalar, divertismentlar va boshqa bir qancha asarlar yozib beradi. Messalarni ijro etish uchun bu cholg'ularga qo'shimcha ravishda organchi va bir nechta ayol va erkak xonandalar qo'shilar edi.

Gaydnning ko'tarinki ruh va jo'shqin quvonchga to'la simfoniyalari bilan divertismentlari orasida "Motam simfoniyasi", "Xayrlashuv simfomiyasi" va boshqalar singari asarlar paydo bo'ladi.

Gaydnning "Xayrlashuv simfoniya"si Motsartning g-moll 25- simfoniyasi bilan deyarli bir vaqtda yozilgan (1773). Bu ikkala simfoniya musiqasining tabiatan bir-biriga juda yaqinligi, minor tonalligi, dramatik ta'sirchanligining zo'rligi – mana shulariing hammasi o'sha zamon simfonik musiqasida odatdan tashqari bo'lib hisoblangan shu xildagi asarlarning yaratilishida shaxsiy motivlardan tashqari ijtimoiy motivlar ham rol o'ynagan degan xayolga olib boradi. Bu "Buroy va hujum" harakati boshlangan davr bo'lib, shu davr san'atida insonning ma'naviy hayoti, mustabidga qarshi, ruhiy istibdodga qarshi noroziligi birinchi

---

[10] *Shubert Estergazining qizlariga fortepiano o'qituvchisi sifatida dars berish uchun Seles degan venger qishlog'iga borgan; List Estergazi mulki – Doboryan degan joyda tug'ilgan.*

o'ringa qo'yilar edi.

60-70 yillarda Gaydn opera janriga ham murojaat etdi. Goldoni tekstlariga yozgan ikkita "Dorixonachi"(1768) va "Oy jahoni"(1777) opera buffalari alohida ajralib turadi. Kompozitor 80-yillarning o'rtalarida Motsart bilan yaqinlashish va do'stlashish bilan nishonlandi. Bu ikkala buyuk kompozitor ilgarilari ham bir-birini bilar va juda qadrlar edilar. Motsart Gaydnni o'zining "ma'naviy ustozlari"dan biri deb bilib, ilk asarlarida uning ta'sirini sezib turdi. Gaydn ham Motsartning ajoyib iste'dodiga munosib baho berar edi. Gaydnning 80-90 yillar oxiridagi asarlarida, bular har qancha mustaqil o'ziga xos bo'lsa ham, Motsart simfonizmining ba'zi prinsiplari ijodiy ravishda o'zlashtirilib olinganligini topish mumkin. Mavzuning kengroq ko'lamda rivojlantiril-ganligi, tonal planlarning boyitilganligi, divertismentga xoslik bartaraf etilib, yaxlit va yagona simfonik turkum yaratishga harakat qilinganligi shular jumlasidandir.

Gaydnning Parij simfoniyalari ijodining dovrug'ini Avstriya chegaralaridan ancha uzoqqa yetkazdi. Avvalgi yillarda Gaydn simfoniyalari asosan Estergazi mulklarida va alohida bir voqealar munosabati bilan Venada kompozitorning o'zi boshchiligida ijro etilgan bo'lsa, endilikda (80-yilardan boshlab), nafaqat Venada balki butun Yevropa mulkiga aylanib, Yevropa poytaxtlarining konsert estradalarida Gaydn simfoniyalarinig tag'in ham rasm bo'lishi 90-yillarning birinchi yarmida uning Londonga ikki bor (1791-1792, 1794-1795) qilgan safarlari bilan bog'liq bo'ldi. Bu yerda u o'zining London simfoniyalari deb atalgan yangi simfoniyalariga zo'r muvaffaqiyat bilan dirijyorlik qildi. Oltita simfoniyani Gaydn ataylab Londonga qilgan birinchi safari uchun, yana olti simfoniyasini ikkinchi safari uchun yozadi. Bundan tashqari, 1791 yili Gaydn London uchun "Orfey va Evridika" operasini Estergazidagi xizmatdan ketish va Londonga birinchi bor safar qilish bilan Gaydn ijodining uchinchi, so'nggi (1791-1809) davri boshlanadi.

Gaydn hayotining so'nggi yillari ijodiy sukutda o'tdi. Bu haddan tashqari zo'r ijtimoiy lahzalar zamoni edi. Bu paytda Fransuz revolyusiyasi bo'lib o'tadi. Napoleon Bonapart armiyalari Yevropaning hamma yog'ini izg'ib chiqishadi. Mana shularning barchasi o'zining olgan tarbiyasi jihatidan, o'rganishlari va dunyoga qarashlari jihatidan boshdan-oyoq o'tmish XVIII asrga mansub bo'lgan Gaydnni cho'chitar edi. Gaydn Venada 1809 yili vafot etdi.

"Xayrlashuv simfoniyasi". Ilk simfoniyalari orasida 1772 yili yozilgan va mazmuni, obrazlarining doirasi jihatidan ham, kompozitsion tuzilishi jihatidan ham keskin ajralib turadigan "Xayrlashuv simfoniyasi" alohida diqqatga sazovordir. Simfoniya siklga xos to'rtta qism o'rniga bu simfoniyada beshta qism bo'lib, so'nggi qismi (Adagio) muayyan va g'alati bir maqsad bilan qo'shimcha qilib kiritilgan: uni ijro etish paytida, Gaydn rejasiga ko'ra, sozandalar navbati bilan shamlarni o'chirib, o'z asboblarini yig'ishtirishlari va chiqib ketishlari kerak edi – avvaliga birinchi goboy bilan ikkinchi valtorna, so'ngra ikkinchi goboy bilan birinchi valtorna chiqib ketar edi va hokazo; simfoniyani ikkita skripkachi poyoniga yetkazar edi[11]. Bu aftidan, simfonik siklning vazmin sur'atli xotima bilan tugallanishiga birinchi misoldir. Simfoniya va yakka soz konsert janrlari Gayndndan oldin ham mavjud bo'lgan, lekin Yevropa simfonizmi endigina rivojlanib kelayotgan davrda Gaydn ijodi uning cho'qqilaridan biri bo'ldi.

6.2. V.Motsart.

---

[11] "Xayrlashuv simfoniyasi"ni hozir ham xuddi shu tariqa ijro etish odat bo'lgan. Shu munosabat bilan uning xotimasi to'g'risida bir afsona to'qilgan, bunda "knyaz Estergazi o'zining yozgi qarorgohida kapellani uzoq ushlab qolib, sozandalarni dam oldirmaydi, shunda orkestr sozandalari Gayndndan knyazga borib, o'zlari uchun harakat qilib ko'rishni iltimos qilib so'rashadi. Keyin Gaydn shu simfoniyani yaratishga jazm qiladiki, simfoniyada sozandalar galma -galdan chiqib ketishadigan xotimasi knyaz uchun bir ishora bo'lishi kerakligi nazarda tutilgan.

Jahon musiqa madaniyatining eng buyuk bir dahosi Motsart (1756-1791) ham xuddi Gaydn singari, Vena klassik maktabiga mansub edi Motsart ijodi hayron qolarli darajada universal va koʻp qirralidir. Qisqa umri davomida yaratgan asarlari oʻsha zamon musiqa sanʼatida mavjud boʻlgan musiqa janrlari va shakllarining hech istisnosiz barchasini oʻz ichiga oladi. Ayni vaqtda u barcha janrlarda ham chinakam shohona asarlar yaratgan. Motsart badiiy qiyofasining eng muhim xususiyati milliymadaniy aloqalarining kengligidir. Motsart ijodi avstriycha milliy zaminda bunyodga kelib gullab yashnadi. Biroq, umrida Avstriyadan tashqariga chiqmagan (2 marta Londonga safarini hisoblamaganda) Gaydndan farq qilib, Motsart yosh bolaligidan Evropa boʻylab sayohat qilgan; uning Italiya, Fransiya, Germaniya davlatlariga borib bergan konsertlari ijodida sezilarli iz qoldirgan. U avstriyalik kompozitor boʻlgani holda boshqa mamlakatlarda eshitgan, koʻrgan, kuzatgan narsalaridan ijodiy foydalangan. Chunonchi, Motsart kuylarida italyancha taʼsir koʻp, nozik rishtalar bilan fransuz musiqasiga bogʻlanganligi ham sezilib turadi.

Motsart musiqa sanʼati sohasida gʻoyat katta ahamiyatga molik boʻlgan hodisalar boʻlib oʻtgan chogʻda Evropaning musiqa hayotiga kirib keldi. Opera teatri endi katta-katta yutuqlarni qoʻlga kirita boshlagan payt edi. Bu davrda yoʻnalishlar kurashida istiqboli zoʻr boʻlgan hammadan progressiv oqimlar gʻalaba qozondi (Italiyada – "opera buffa", Fransiyada – hajviy opera, Germaniya va Avstriyada – zingshpil). Motsartning oʻzidan yoshi ulugʻroq zamondoshi - Glyukning opera islohoti sezilarli natijalar bergan edi.

Oʻz zamonidagi opera sanʼatining progressiv yutuqlarini yakunlab, Motsart opera islohotini yaratdi va oʻzining ilgʻor opera estetikasini kashf etdi.

Oʻzidan oldingi anʼanalar bilan mahkam bogʻlangan novator - Motsart oʻz oʻtmishdoshlarini ham, oʻz zamondoshlarini ham o'zidan ancha orqada qoldirib ketdi va Betxoven bilan XIX asr romantiklarining san'ati vujudga kelishi uchun zamin tayyorlab berdi.

Motsartning butun hayotini 2 davrga bo'lish mumkin - Zalsburg davri (1756-1780) hamda Vena davri (1781-1791). Zalsburgda u tug'ilib, tarbiyalandi, o'qidi, arxiepiskop saroyida xizmatda bo'ldi, har turli janrlarda talaygina asarlar yozdi, ammo to'la ijodiy yetuklikka hali etishmagan edi. Zalsburg arxiepiskopi bilan aloqani uzganidan keyin Motsart Venaga ko'chib keladi, bu yerda u iste'dodli musiqachini tahqirlovchi saroy xizmatidan ozod bo'lgan edi. Musiqa san'atining barcha sohalaridagi o'zining eng buyuk asarlarini, hattoki mashhur Rekviyemini ham shu shaharda yaratdi.

Motsartning ijodiy faoliyati dastlabki yillari kompozitorning bolalik chog'idan boshlab "Mitridat, Pontiya shohi" (1770) operasini yozganiga qadar o'tgan davrni o'z ichiga oladi.

Yosh Volfgang 3 yoshida bemalol klavesinda improvizatsiya qila olgan, 4 yoshlik chog'ida esa klavesin uchun konsert yozgan edi.

Motsart o'sib-unib borgan muhit ijodining ravnaq topishi uchun juda qulay bo'ldi. Uning otasi Leopold Motsart yirik sozanda - atoqli skripkachi va pedagog bo'lsa, opasi Maria Anna (Nannerl) - iste'dodli klavesinchi edi. Shular bilan mudom aloqada bo'lish, turli shaharlar va mamlakatlarda birgalikda konsertlarda chiqish bolaning ijodiy o'sishi uchun keng yo'l ochdi. Otasi mahalliy arxiepiskop saroyida xizmatda bo'lgan Motsart Zalsburgda yashar ekan, bolalik yillaridayoq katta-katta konsert safarlariga bordi va turli mamlakatlarning musiqa hayoti bilan bevosita tanishdi. Bu ham uning badiiy bilimi kengayishiga yordam berdi.

Motsartning konsert safarlari Myunxenda boshlandi. Ijodiy evolyusiyasining keyingi muhim bosqichlari ham aynan shu shahar bilan bog'liq edi.

Yosh kompozitor badiiy bilim doirasining ijodiy jihatidan ravnaq topishi va kengayib borishida motsartlar oilasining

Germaniya, Fransiya va Angliyaga qilgan uch yillik (1763-1766) konsert safarlari muhim rol o'ynadi. Yetti yashar Motsartning asarlari – skripka bilan klavir uchun yozgan to'rtta sonatasi Parijda birinchi marta nashr etildi. Motsartga Londonda bo'lish muhim ahamiyat kasb etdi. U Gendelning "Iuda Makkavey", "Aleksandr bayrami", "Isroil Misrda", "Samson", "Messiya", "Sulaymon", "Atsisa bilan Galateya" oratoriyalari bilan yaqindan tanishdi. Bular bilan bir qatorda u Londonda Puchchini, I.K.Bax va boshqa zamondosh kompozitorlarining italyancha operalarini diqqat bilan tingladi. Motsartning I.K.Bax bilan yaqinlashib qolganini alohida ko'rsatib o'tish kerak. Ularning yoshlarida katta farq borligiga qaramay ular do'stlashib qolishadi, va ko'p muloqotda bo'lib turishadi. Uning Londonda muvaffaqqiyat bilab ijro etilgan birinchi simfoniyalari I.K.Bax musiqasining ta'siri ostida yozilgan edi.

XVIII asrning 60-yillar ikkinchi yarmida Motsart bir talay asarlar yaratdi. Shuningdek simfoniyalar, messa, orkestr uchun raqs syuitalari - divertistmentlar, serenadalar, kassatsiyalar shular jumlasidandir. Motsart syuitalarida avstriycha turmushga oid xalq qo'shiq va raqslarining ta'siri sezilib turadi. Bu davrda Motsart Zalsburg arxiepiskopi saroyida konsertmeysterlik qilgani vajidan o'zining xizmat vazifalariga muvofiq, diniy musiqa va saroyda o'tkaziladigan ballar uchun raqslar yaratishga majbur edi. Xuddi mana shu raqslar – kichik sonata "Allegro" sidan vazmin sur'atli lirik xarakterdagi qismlar, ikki menuet va sho'x finallardan tashkil topgan syuitalarni xosil qiladi. Bu davrda Motsart simfoniyalar ham yozgan, lekin bu simfoniyalar bilan raqs syuitalari o'rtasida hali chegara yo'q edi.

U Venada italyancha "opera seria" va "buffa"ni, jumladan, Glyukning "Alsesta" sini tingladi.

O'n ikki yoshli kompozitor Venadagi saroy teatri direktorining buyurtmasi bilan, saroy shoiri Koltellini tomonidan qayta ishlangan va to'ldirilgan Goldoni librettosiga "Qalbaki sodda dil qiz" ("La finta semplice") "opera buffa"sini yozdi. Xuddi shu 1768 yilning o'zida gipnozchi doktor Anton Mesmer buyurtmasiga muvofiq uning xonaki teatri uchun Motsartning "Bastien va Bastiena" degan bir pardali zingshpili yaratildi.

Shunday qilib, Motsart 15 yoshda har xil janrdagi bir talay cholg'u asarlar va to'rtta opera (2 ta "opera seria", 1 ta "opera buffa" va 1 ta zingshpil) ning muallifi bo'lgan edi. Kompozitorning 70-yillardagi ijodida cholg'u musiqa asosiy o'rinda turishiga qaramasdan, teatr uchun o'z ijodini to'xtatmadi. Motsart "Askanio Albada" nomli teatrlashtirilgan serenadani sahnaga qo'yish uchun 1771 yildayoq Milanga jo'nab ketishga muvaffaq bo'ldi. Shu yilning o'zida Zalsburg uchun "Ssipion tushi" degan teatrlashtirlangan serenadasi yozdi. 1772 yili Milanda "Lusiy Sulla" nomli opera seriasi sahnalashtirildi, mazkur operani kompozitorga Milan teatri buyurgan edi.

Motsart ijodining so'nggida opera-dramatik prinsiplar astasekin shakllanib, yetilib bordi. Opera san'atining turli janrlarini o'zlashtirish protsessi davom etdi. Bu yo'lda uning 1775 yili yozilgan "Qalbaki bog'bon qiz" (La binta giardiniera) va "CHo'pon-qirol" deb nomlangan teatrlashtirilgan serenada kattagina bir bosqich bo'lib xizmat qildi.

Rekviem genial kompozitorning eng ulug'vor asari va Baxning "Passion", "Ehtiros"lari bilan bir qatorda XVI asr musiqa san'atidagi eng ajoyib tragediyalarning biri bo'lib hisoblanadi. Rekviyem musiqasi kompozitorga xos polifonik mahoratning yuksak yutug'idir. Rekviyem Motsart ijodining yakunigina emas, bu - messa, kantata, oratoriya janrlaridagi, jumladan, Bax oratoriyalariga mansub bo'lgan, lekin yangi tarixiy sharoitlarda yaratilgan eng hayotiy va zo'r an'analar umumlashmasidir.

Motsart qo'lidan qalamni ajal juda erta yulib oldi. Biroq Motsartning musiqa san'ati tarixiga qo'shgan hissasi uni jahon madaniyatining o'lmas daholari yotadigan sahnadagi eng faxrli joylardan birini olishga muyassar qildi.

6.3. L.Betxoven.

Dunyo simfonizmining yuqori qat'iy burilishi burjua revolyu-siyasining sodir bo'lishi XVII asrga to'g'ri keladi. Bu burilishning mohiyatini to'g'ri anglash uchun biz, revolyusion simfonizmi ijodkori Betxovenni uning buyuk ijodkor vatandoshi XVIII asr 1-yarim yilligida yashagan Germaniya protestantlik burger vakili Iogann Sebastyan Bax bilan qiyoslaymiz. Iogann Sebastyan Bax va Gendel sifonizmni faol musiqiy ta'sir davri deb bilganlar. Baxda esa uning bosh asarlarida "Ishqibozlik" va messasi minori, uning kontata va organ uchun yozgan asarlari va nihoyat orkestr uchun keng ma'noli ustunlik rivojlanadi. Uning ovozi yer va osmon orasidagi borliqqa eshitilar edi. Baxning simfonik omegasini aynan xalq tashkil qilar edi. Baxning musiqalari ommobop xalq uchun edi. Uning asosiy protestanlik Xorali Engels tomonidan "18 davr Marseleza" deya asri nom berildi. Nemis musiqachilarining bir necha avlodlarigacha Xoralni o'z asarlarida foydalandilar. Bax o'zining ijodida buyuk umumiylikni Xoral musiqasiga bir necha davr yondashdi.

Baxning Oratorial kontata madaniyati janri xalq musiqiy materiallar asnosida o'sdi. Baxning simfonizmining ayrim tomonlarini ko'rib chiqamiz. Bu voqeylikning ko'p belgilari mavjud. XVIII asr revolyusion burjua davrida Betxoven tarixiy arenaga chiqqan paytida, nafaqat konstansion xalq ijodi balni harakat to'g'riligi bilan qo'shiqlar yaratilishiga sabab bo'ldi, bunday da'vat etishlar 1772 yili Fransuz Marselezasida alangali jarangladi.

XVIII asr Yangi revolyusion gimni Marselezasi protestant Xorali singari Engels tomonidan (XVIII asr Marselezasi) deb nomlangan "Einfeste Burg ist unser Golf" ikala davrning ajralmas xalq musiqiy yodgorligidir. Betxoven oldida ijodkorona 2 ta masala turardi: o'zining asarlarida nafaqat eskirgan feodal tizimiga qarshi balki shaxs erkinligi chegaralangan burjua yuqori falsafasini taqqoslaydi. Bu Betxovenning simfonizmining asl mohiyati. Asosiy mohiyati chuqur muammoliligi kompozitorlik musiqiy dialektik fikrlashini xarakterlaydi, lekin Betxovenning to'la musiqiy shaklini bermay: muammo bilan bir qatorda Betxovenning sifoniyasi buyuk birdamlik erkinligida u ijodiy amalda mulohazali butunlikni yechadi. Betxoven simfonizmi bo'limli ijodga aylanadi. Simfonizmi bo'linma kuchida jo'r urib va Betxoven ijodi yyetukligi shu yerdan boshlanadi. Betxoven simfonizmi tantanali suratda ijodiy mehnati bilan bo'lim yuzasida Tragik qiyofa paydo bo'ladi.

Betxovenning ijodiy demokratik tomoni dasturi doimiy izlanish, harakatlari bilan chegaralanibgina qolmay, uning oxirgi simfoniyasi juda keng obrazli turda aks etilib, ammoboplashdi. 3-simfoniyaga qaraganda 9-simfoniyaning elementlarida kuchli kurash aks etgan. Buyuk kontrast amalga oshirilgan 9-simfoniyada – biz birinchi bo'limdagi tragik yorqinligi va zavqli tugalliga haqida gapiryapmiz bu Bilan bir qatorda barcha qismida uyg'unlik kuzatilib qahramonning obrazi butun bir asarda quvonch mavzusidagi finalda qahramonona Betxoven simfonizmining musiqiy obrazi kelajak insoniyatning yorqin namoyandasi.

Xususan Betxoven asarlari ma'noli qismining cholg'u asbobiy asarlari merosidir.

Kompozitorning barcha Betxoven ijodining ko'zga ko'ringan oralig'I simfoniya musiqasida. U buyuk yutuqlarining ma'naviy dunyosi Baxning "zavq", Gyote va Pushkin poeziyasi va Shekspir tragediyasi san'at voqeyligining qatoriga kiradi. Betxoven birinchilardan bo'lib, simfoniyaga adabiy va falsafiy fikrlarni oldinga suradi. Aynan kompozitor simfoniyasi revolsion-demokratik falsafiy yetuklikni o'z ichiga oladi.

Motsart va Gaydn simfoniyasi umumlashgan keng xarakterligi bilan ajralib turadi.

Ular o'z davrlarida keng yunalishli rus obrazlarini g'oyalashtirdilar. Betxoven yo'nalishi ko'pgina sungi simfonyaalarini yaaratib motsartning ichki yaqinligiga tayorladilar Betxovenga uning asarlaridagi dramatik,

63

yemotsional kenglik, badiy uyg'un hamroh yodi nihoyat Betxoven bosh simfonyasi yorqin keng talqinda olib borilganligi XX asr Vena musiqasiga singib bordi. Simfonik madaniyat bu davrda ko'zga ko'rinarli bog'liqligi marifati Betxoven asarlari undan oldingi ijodkorlardan ancha farqlanadi. Butun yashab ijod etgan faoliyaati mobaynida bu ajoyib san'at xalqning ustasi 9 ta simfoniyani yaratdi. Motsartning 40 dan ziyod asarlari bilan solishtirsak va yanada 100 dan oshiq simfoniyalari bilan taqqoslaymiz. Betxoven o'zining birinchi asarini 30 yoshlarida yozdi. O'z davrining an'analarini fortepiano yo'nalishidan chiqmagan holda ijod qildi. Bu holat bir muhit asnosida tushuniladi. Har bir asarning yaralishi butun bir olam tug'ilishi bilan qiyoslanadi. Betxoven simfoniyasi ijodi davomida turlashtirilgan qabul qilingan umumiy o'rni takrorlanuvchi obraz va fikrlar edi. Emotsional ta'sirning fikrlash uygunligi individual mundarijasi Betxoven asarlari asbobi XVIII asr madaniyatida ko'klarga ko'tarilgan. Dunyo musiqiy ijodida har bir uning asari o'z o'rnini topgan.
Birinchi asari boshlang'ich davrining mukammal izlanishlariga olib keladi. 2-, 3-, 5- simfoniyalari revolyusion qahramonlik asnosida olib borilgan bo'lsa; 4-, 6-, 7-, 8- simfoniyalari o'zining lirik janrdagi hazilomuz qiyofasini naimoyon etgan. Va nihoyat 9-simfoniyasida Betxoven tragediyasiga mavzusiga kurash asnosi bilan kiritib berildi. U badiiy yorqinlik bilan falsafiy tubida ko'rinadi. Asrning chorak qismida Betxoven o'zining 1-simfoniyasidan toki 9- simfoniyasiga qadar ulkan bir yo'lni bosib o'tdi. Milliy – janrli obraz elementlari o'yinli va sho'x shodonlik kamerli erkin orkestr bu hammasi Vena simfoniyasi bilan davrlar maktabiga birlashtiradi. Gaydn bilan uyg'unligi ayniqsa bu yaqqol ko'rinadi. Bu yerda mavzu tuzilishida klassiklarning xarakteriga bog'liq. Vena simfoniyasi-ning tinglovchilari yangi musiqiy qiyofani his qilishdi, va haqiqatdan ham barcha ananaviylik belgilari yashirin kuchni ko'rsatdi.
Tez sur'atda uzlukli yangragan staccato keskin tez-tez

talaffuz contrast dinamikasidan bu qism talqinidan ajratadi. Unda aksincha esa maksimal harakatchanlik intiluvchanlikni ta'kidlaydi. Shunday ruhdagi traktovkaning uch qismli shakli an'ana bo'lgan. Xursandchilik aylanasi menuetida xilma-xil komik ruhiyat namoyon bo'ladi. Asarning finalida esa Betxoven an'anaga qaytganday bo'ladi. Ammo orkestr tarkibining ko'payishi Gaydnning simfonik ijodiga qaraganda Betxovenda badiiylik, tartibda o'tkirroq va katta masshtabda kechishini kuzatish mumkin. Betxoven tomonidan oldindan komik taassurot yaratilgan. Betxovenning 1802 yilda ijod qilingan ikkinchi D-dur "Geyligeshtad vasiyati" simfoniyasi qadimiy dunyosining o'zaro taniqliligini namoyon etadi. Yangi Betxoven simfoniyasi oldinga yetaklovchi ulkan qadam singari takomillashtiriladi. Ikkinchi simfoniyada mashhur ikkilik, ya'ni an'anaviy yangi jasuronalik seziladi. Bunda qisman uning Motsart simfoniyasi bilan yaqinligi ko'zga tashlanadi. Betxovenning ikkinchi simfoniyasi an'anaviyligida ayrim novatorlik xususiyatlarini keng baholaydilar. Katta masshtablar yuksaklikni beradi. Betxovenning eng yoqimli emotsional effekt qabul qilib olishga yetib keladi. Simfoniyaning birinchi qismi nofaol to'lqinlar orqali ifodalansa, asosiy qismi chiroyli yangralishlar bilan ajralib turadi. Uning badiiy ta'siri to'siqlarni bartaraf qilishi bilan bog'liq. Musiqa akkordi konturlar asnosida tashkil topib jonli ritmik tus energiyali harakatda qabul qilinadi. Allegro qismi uzluksiz o'sish orqali namoyon bo'ladi. Intiluvchan harakatni unchalik katta bo'lmagan ifodalash chegaralab qo'yadi. Musiqiy ohangning ideal davomiyligi poetik misrani eslatuvchi, mayda nafis iboralashtirilgan uslubini ta'sirlantirilganida ko'rish mumkin. Chuqur past registrli violonchellar, altonlar va kontrabaslarning ishlatilishi, uchinchi qismida esa skerso shakli yaratiladi. Harakatning qo'pol, kutilmagan, o'zgarmas shakli Betxovenning skerso natijasi. Jonlantirilgan yumaristik harakatlar finalga butun his bilan kiritilgan ko'pgina ta'sirli tuzilishlar Vena klassiklarining o'ziga xos uslubi bilan amalga oshirilgan.

Tayanch so'z va iboralar: klassik maktabi, simfonik musiqa, cholg'u musiqasi, simfonik ijod, registrli violonchellar, altonlar va kontrabaslar.

Mavzu uchun savol va topshiriqlar
1. Vena klassik maktabi namoyondalari haqida nimalarni bilasiz?
2. Yozef Gaydnning simfonik musiqasi haqida gapirib bering.
3. Gaydn ijodiy faoliyatining birinchi davri.
4. Gaydn ijodiy faoliyatining ikkinchi davri.
5. Gaydnning "Xayrlashuv simfoniya"si xususida nimalarni bilasiz.
6. Motsartning hayoti va faoliyati xususida so'zlab bering.
7. Motsartning Zalsburg davri haqida nimalarni ayta olasiz.
8. Motsartning Vena davri ijodiy faoliyati haqida gapirib bering.
9. 1788 yilning yozida Motsart o'zining simfonik musiqa sohasidagi eng ulug'vor asarlari bo'lmish so'nggi 3 ta qaysi simfoniyalarini yaratdi ?
10. Motsartning cholg'u musiqasiga kiradigan qanday asarlarini bilasiz?
11. Betxovenning simfonik ijodi xususida nimalarni bilasiz.
12. Betxovenning asrlaridan nimalarni bilasiz.

7-мavzu. Musiqiy romantizm namoyondalari Frans SHUBERT (1797-1828), Robert SHUMAN (1810-1856), Frederik SHOPEN (1810-1849), Ferens LIST (1811-1886)
Reja:
1. Frans Shubert.
2. Robert Shuman.
3. Frederik Shopen.
4. Ferens List.

Romantizm – san'atga nafaqat yangi mavzu va yangi

qahramonlarni olib keldi, balki, yangi musiqa formalarini ham olib kirdi.

XIX asr musiqa ma'daniyatining eng yorqin namoyondalaridan biri Frans Shubert buyuk avstriya kompozitori hisoblanadi. Revolyusiya va Napaleon janggi Yevropadagi Avstriya imperiyasiga ham ozgina bo'lsa ham o'z ta'sirini o'tkazmay qo'ymadi. Gabsburg monarxiyasi ko'pmillatli "lokust" davlati edi. Bu yerda avstriyalik nemis, chex, slovak, xorvat, venger, italyan va boshqa millat xalqlari yashagan.

7.1. Frans Shubert.

Frans Shubert 1797 yili Venaning Lixtental shaharchasida tug'ilgan. Shubertlar oilasi juda katta bo'lib, Frans 14 farzand ichidan 12chisi edi. Lekin 14 nafar farzanddan faqatgina 5tasigina tirik qoladi. Shubertning otasi maktabda o'qituvchi bo'lib, u dehqon oilasidan edi. Shubertning oilasi musiqani juda yaxshi ko'rganligidan ularning uyida har doim musiqa oqshomlari bo'lib turar edi. Uning otasi violonchelda, akalari esa boshqa musiqa cholg'ularida ijro etishardi. Fransda musiqaga bo'lgan iqtidorni ko'rib, uning otasi Frans Teodor va uning akasi Ignats kichik Shubertni skripka va fortepianoda chalishga o'rgatishdi. Tez orada Shubert oilaviy musiqa oqshomlarida ijro eta boshlaydi.

Frans judayam chiroyli ovoz sohibi bo'lib, u cherkov xorlarida yakkaxon partiyalarni kuylar edi. Uning otasi o'g'li bilan juda ham faxrlanardi. Frans 11 yoshga to'lganida, uni Konviktdagi cherkov qo'shiqchilarini tayyorlovchi maktabga taklif etadilar. Maktabidagi shart-sharoitlar Shubertning musiqa qobiliyatlarini yanada rivojlantirishga katt yordam beradi. U maktabdagi o'quvchilar orkestrida 1-skripkachilar guruhida ijro qiladi va ba'zi paytlarda dirijyorlik ham qiladi. Shubert juda ham turli xil musiqa janrlari, simfoniyalar, uvertyuralar, kvartetlar, turli xil vokal va boshqa asarlar bilan tanishadi. Motsartning "sol minor simfoniyasi" Shubertda katta taasurot qoldiradi. Lekin Betxovenning musiqa asarlari uning asarlari uchun namuna boʻlib xizmat qiladi. Bolalik paytidanoq Shubert asarlar yaratishni boshlaydi. Uning birinchi yaratgan asari fortepiano uchun yozilgan fantaziya va bir qator qoʻshiqlar edi. Yosh kompozitor juda koʻp asarlar yozdi, ba'zi vaqtlarda u darslarga kirmasdan ijod bilan mashgʻul boʻlardi. Bu yosh kompozitorning iste'dodini koʻrgan mashhur saroy kompozitori Salyerida unga nisbatan qiziqishi uygʻonadi. Salyeri Shubert bilan bir yil davomida shugʻullanadi va bunda u garmoniya va kontrapunkt fanilaridan tahsil oladi. Salyeri tez orada Shubert musiqa toʻgʻrisida hamma narsani bilishini ma'lum qiladi. Bu vaqtga kelib Shubertning bir qancha asarlari ommaga taqdim etiladi. 1813-yilda u oʻzining birinchi simfoniyasini yaratadi.

Yillar oʻtgani sari Shubertning musiqaga boʻlgan iste'dodi uning otasida xavotir va qoʻrquv uygʻotadi. Chunki Teodor oʻzi musiqani sevishga qaramay, musiqa bilan shugʻullanib pul topish qiyinligini bilgani uchun ham oʻgʻliga musiqa bilan shugʻullanishni, hattoki, bayram kunlari uyga kelishini ta'qiqlab qoʻygan edi. Lekin uning musiqa bilan shugʻullanishiga hech qanday toʻsiqlar toʻsqinlik qila olmadi. Shubert konviktdan ketishga qaror qiladi. Bu yerdagi zerikarli darslar, kitoblar, umuman hamma-hammasidan voz kechib, ozodlik sari ketishni xohlar edi va butun hayotini faqat va faqat musiqaga bagʻishlashni istardi. 1813 yil 28 oktabrda Shubert oʻzining birinchi "Re major" simfoniyasini tugatadi.

Shubertning otasi ikkinchi marta uylanganidan soʻng, uni oʻzining maktabiga ishga taklif qiladi. Shubert majburan bunga rozi boʻladi va bu ish unga yoqmasa ham, unga kam maosh toʻlashsa ham, bu yerda u uch yil mobaynida ishlaydi. U bu yerda ustoz yordamchisi boʻlib, boshlangich sinflar oʻquvchilariga grammatikadan dars beradi. Bu vaqtga kelib Venada eng mashhur kompozitorlardan biri Rossini oʻz ijodining yuksak darajasiga koʻtarilgan edi. Keyinchalik Shubert uning uslubi boʻyicha bir qancha operalar yaratadi.

Lekin uning asarlari muvaffaqqiyatga erishmaydi, eng omadlilari ham ko'pi bilan 12 kun davom etardi. Shubert nihoyat o'z iste'dodini boshqa yo'nalish, boshqa uslubdaligini tushunib yetadi. Uning yangi musiqalar yaratish istagi kundan-kunga ortib boradi.

1814 yildan 1817 yilgacha bo'lgan vaqt Shubert hayotining og'ir kunlari hisoblansa ham, shu yillar mobaynida bir qancha asarlar yaratadi. Birgina 1815 yilning o'zida Shubert 144 ta qo'shiq, 4 ta opera, 2 ta simfoniya, 2 ta messa, 2 ta fortepiano uchun sonata, torli cholg'ular uchun kvartet yaratadi. Bu asarlari orasida tragik si-bemol major 5-simfoniyasi, "Rozochka", "Margarita za pryalkoy" va "Lesnoy sar" qo'shiqlari juda mashhur hisoblanadi. Uning "Margarita za pryalkoy" qo'shig'i monodramma hisoblanadi. Shubertning qo'shiqlari xalq orasida shu darajada mashhur ediki, bu qo'shiqlar insonlar qalbidan joy olishga ulgurgandi. Uning qo'shiqlari mashhur bo'lishining yana bir sababi, bu qo'shiqlarni mashhur bariton Iogann Mixael Fogl ijro etganida edi. Hayotdagi omadsizliklar Shubertning sog'lig'iga jiddiy ta'sir o'tkaza boshlaydi. Uning vujudi kundan kunga holsizlanib boradi. Hattoki, uning otasi bilan yarashib olishi ham ahvolini yengillashtira olmadi. Shu ahvolda ham Shubert kuy bastalashni to'xtatmadi, ammo musiqa yozish uchun uning kuch quvvati tobora susayib borardi. 27 yoshida kompozitor o'zining do'sti Shoberga shunday deb yozgan edi – "Men o'zimni baxtsiz va gadoy insondek his qilayapman". Bu tushkun kayfiyat uni asarlarida ham namoyon bo'ladi, eshitilib turadi. Oldinlari Shubert quvnoq qo'shiqlar bastalagan bo'lsa o'limidan bir yil oldin uning asarlarida tushkunlik ruhi hukmronlik qiladi. Shu davrlarda yaratilgan "Zimniy put" asari shu ruhiyatdan darak berib turadi.

Shubert bunday ahvolga hech qachon tushmagan edi. U faqat sog'inch, qiynoqlar haqida yozardi va o'zi ham sog'inchdan, qiynoqlardan g'am chekardi. U yurakni qiynog'ini, dardini yozardi va bu azoblarni his qilardi.

Shubert 31 yil umr ko'rgan bo'lsa hamki, juda misli ko'rinmagan darajada ijod qildi. U hayotlik chog'ida hech qaysi simfoniyasi ijro etilmagan, 20 fortepiano sonatasidan 3 tasigina taqdim etilgan edi xolos.

Shubert lirik fortepiano miniatyurasining asoschilaridan biri bo'lib, dunyo tarixida buyuk melodiyachi degan nom qoldirgan.

7.2. Robert Shuman.

R.Shuman nemis kompozitori, pedagog va taniqli musiqa tanqidchisi. Romantizm oqimining yirik namoyandasi sifatida e'tirof etiladi. Uning ustozi Fridrix Vik yosh kompozitordan pianinochi sifatida katta umid qilgan biroq qo'lini shikast qilgani bois u pianist orzusidan voz kechib kompozitorlik va targ'ibotchilik faoliyati bilan shug'ullandi.

1840 yilga qadar Shumanning barcha asarlari deyarli fortepiano uchun yozilgan edi. So'ngra ko'plab qo'shiqlari, to'rtta simfoniya, opera va boshqa orkestr xor va kamer asarlari nashr yuzini ko'rdi. Musiqa haqidagi bir qancha maqolalari "Yangi musiqa gazetasi"da chop etilgan.

Kompozitor ruhiy kasallikka duchor bo'ladi. Uning birinchi alomatlari 1833 yili katta depressiya bilan kuzatildi. Joniga suyqast qilish oqibatida (1854) o'z taklifiga binoan ruhiy kasalliklar klinikasiga joylashtiriladi. 1856 yil kompozitor vafot etadi.

Shuman XIX asr taraqqiyparvar romantik san'atning eng yorqin namoyandalaridan biridir. Uning ijodiyotida ma'naviy qashshoqlikka qarshi chiqib, yuksak insonparvarlik, odamgarchilik olamiga chaqiradi. Kompozitor asarlarida yuksak, beg'ubor his-tuyg'ularning chiroyi, kuchi va boyligi kuylanadi. Shuman musiqasining eng xarakterli xususiyatlari - taassurot va fikrlar cheksiz oqimining betoqat ehtirosi va g'ururli mardligi, nafis lirizm va nozli o'zgaruvchanligi bo'lib hisoblanadi. 1830-yillar – Shuman ijodiyotining birinchi rivojlanish payti bo'lib hisoblanadi. Shu davrda kompozitorning eng zo'r fortepiano asarlari yaratiladi. Bulardan miniatyuralar sikllari "Kapalaklar"(1831), "Karnaval"(1835), "Davidsbyundliklar" (1837), "Kreysleriana" (1838), mashhur variatsiyalar sikli – "12 simfonik etyudlar"(1837, 1852), turli xarakterdagi pyesalar to'plamlari – "Fantastik pyesalar"(1837), "Bolalar sahnalari"(1838), "Yoshlar uchun albom"(1848), "O'rmon sahnalari"(1849), hamda fortepiano uchun 3 ta sonata, fantaziya S-dur va boshqa bir qancha asarlarini kiritish mumkin.

"Karnaval" (22 ta pyesadan iborat) to'plami Shumanning g'oyaviy-estetik qarashlarining, ya'ni san'atda va hayotdagi eskilik va chegaralanganlik bilan kurashining namoyonidir. Shuman o'zi va u boshqargan "Yangi musiqiy gazeta" atrofida birlashgan do'stlar va hamfikrlarining davrasini "Davidsbyund" deb atagan edilar (Bibliyada hikoya qilib aytilgan, Dovud shoh san'atkorlarga homiylik qiladi va falastinliklarni yengib oladi). Bundan tashqari, Shuman qaysi-ki san'atkorda jasurlik, oliyjanoblik fazilatlarini ko'rsa, uning izlanishlarini sezsa, uni ham "Davidsbyund" jamoaning a'zosi deb hisoblardi (xususan, Shopen, Berlioz, Mendelson). "Karnaval"da David jamoa a'zolarining musiqiy portretlari tasvirlangan va ularning hammasi falastinliklarga, ya'ni san'atdagi eskilik tarafdorlariga qarshi chiqishlari ko'rsatiladi.

Shuman o'z vokal ijodiyotida Shubertning lirik qo'shiq turini rivojlantirdi. Atoqli vokal sikllaridan biri G.Geyne "Lirik intermetssosi"dagi she'rlariga yozilgan "Shoirning muhabbati"dir (1840). Siklning 16 ta qo'shig'ida yurak siqilishining birdaniga o'zgarishlari, xotiralarning mayus go'zalligi, dilafro'z osoyishtalik, chuqur fojiyalikning

71

momentlari va boshqa emotsional tuslar ifodalandi.
"Ayolning sevgisi va hayoti" siklida (1840, A.Shamisso she'rlari) ayolning kundalik hayotidagi hodisalar – yosh qizning oshiqligi, erga tegish shodligi, ona bo'lish xursandligi, nihoyat o'limining dramasi aks etildi.
"Mirti" qo'shiqlar to'plami (1840) F.Ryukkert, G.Geyne, V.Gyote, R.Byorns, Dj.Bayron so'zlariga yozildi.
"Qo'shiqlar davrasi" to'plami(1840) Y.Eyxendorf she'rlariga yaratildi.
Shumanning balladalarida har xil syujetlar yoritiladi. "Aka-uka – dushmanlar"(G.Geyne), "Musiqachi"(G.K.Andersen), "Bechora Peter"(Geyne), "Ikki askar"(Geyne), va boshqalar.
Shuman yaratgan quyidagi 4 ta simfoniyasida yorug', xushchaqchaq kayfiyatlar hukmronlik qiladi.
1- simfoniyasi "Bahoriy"(1841) tabiatning uyg'onishini ko'rsatadi.
2-simfoniya (1846) – odam irodasining kurashi va galabasi tasvirlagan.
3-simfoniyasi "Reyn"(1850) – eng hashamatli simfoniyasi, kompozitorning shaxsiy taassurotlari bilan bog'langan. Ulug' Reyn daryosi Shuman uchun – vatan ruhining, nemis milliy hayotining ramzi sifatida qo'llanilgan.
4-simfoniyasi (1851) – lirik kayfiyatlar muhrlangan, bayramona final bilan yakunlanadi.
Shuman eng samarali va o'ziga xos bo'lgan musiqiy tanqidchilar qatoriga kiradi. 10 yil mobaynida (1834-1844) u "Yangi musiqiy gazeta"ning boshqaruvchisi edi. Shuman jurnalining muhim vazifalari deb musiqiy klassiklarning merosini targ'ib qilish, zamonaviy musiqadagi badiiy qimmati bo'lmagan intilishlarga qarshi kurashish, yangi romantik milliy maktablarni, yosh iste'dodli musiqachilarni qo'llab quvatlashdan iborat deb hisoblagan.
Uning birinchi maqolasi Shopenga bag'ishlangan. Bax, Betxoven, Shubert, Shopen, Berlioz, Brams, Mendelson, List asarlari to'g'risida to'g'ri tushunib zavq bilan yozgan.
Shuman tanqidchiligining xarakterli xususiyati shundaki,

bunda samimiylik va istehzo (kesatib aytish, ironiya)ning uzviy qo'shilishida namoyon bo'ladi.

7.3. Frederik Shopen.

XIX asrning 30 – 40 yillarida jahon musiqasi yangi badiiy hodisalar bilan boyidi. Musiqa san'ati tarixida Shopen, List va Glinka ijodlari ila yangi sahifalar ochildi. Ular o'z xalqlari tomonidan to'plangan ulkan qadriyatlar mohiyatini oydinlashtirgan holda milliy musiqa maktablarining asoschilari bo'lishdi. Shu jumladan, Friderik Shopen musiqasi polyak xalqi ruhining ifodasi bo'ldi. Buyuk kompozitor o'z hayotining katta qismini vatanidan tashqarida o'tkazgan bo'lishiga qaramasdan, butun jahon ahli ko'z o'ngida Shopen san'ati uchun shunday o'zigaxoslik mavjud ediki, bular uni barcha boshqa zamondoshlaridan ajratib turar edi. Uning ijodidagi originallik zamondoshlari tomonidan birdaniga his etilgan polyak milliy manbalariga borib taqaladi.

Shopen ijodidagi eng muhim qirra uning keng omma uchun tushunarli ekanligidadir. Shopenning musiqiy asarlari go'zalligi hamda shaklining ixchamligi bilan birgalikda tinglovchini hayajonga soladigan fikr va tuyg'ulari bilan ziynatlangan. O'z zamondoshlaridan farqli o'laroq, Shopen deyarli faqat fortepiano uchun asarlar yozdi. Undan bironta ham opera, simfoniya yoki uvertyura qolgan emas. Vaholanki, u fortepiano musiqasi sohasida shunchalik ko'p yorqin yangiliklar yaratib ulgurgan ediki, iste'dodiga shubha qolmagan edi. Shopen uchun fortepiano musiqasi ham ijodiy laboratoriya, ham o'zining eng a'lo darajadagi yutuqlari namoyon bo'lgan soha bo'ldi.

Shopen ijodida Vatan mavzusi bosh mavqeni tutadi. Uning butun ijodida jonajon Polsha timsoli "qizil ip" bo'lib o'tadi. Bular uning buyuk o'tmishi, milliy adabiyot obrazlari, zamonaviy polyak maishiy hayoti, milliy raqs va qo'shiqlar ohangi edi.

Friderik Shopen 1810 yil 1 martda Polsha poytaxti Varshavadan unchalik uzoq bo'lmagan Jelyazova Volya degan joyda dunyoga keladi. Shopenning onasi polyak, otasi fransuz bo'lgan. Shopenning oilasi graf Skarbekning imeniyesida yashashgan. Otasi bu xonadonda uy o'qituvchisi vazifasida ishlagan. O'g'li tug'ilganidan keyin Nikolay Shopen Varshava litseyida (o'rta bilim yurti) o'qituvchi bo'ladi va butun oila poytaxtga ko'chib o'tadi. Kichkina Friderik musiqa qurshovida ulg'ayadi. Uning otasi skripka va fleyta chalar, onasi yaxshigina kuylar hamda biroz fortepiano chalardi. Friderik besh yoshga yetganidayoq kattaopasi Lyudvika rahbarligida o'rgangan murakkab bo'lmagan pyesalarni ijro eta olgan. Tez orada Varshavada mashhur bo'lgan chex musiqachisi Voysex Jivniy unga ustozlik qila boshlaydi. Sezgir va tajribali tarbiyachi sifatida u o'z o'quvchisiga mumtoz musiqaga, ayniqsa, I.S.Bax asarlariga bo'lgan muhabbatni singdirdi. Baxning klavir uchun prelyudiyalari hamda fugalari keyinchalik bastakorning ish stolidagi doimiy asarlarga aylangan edi.

1829-yilda Shopen Varshavadan Venaga keladi. Uning konsertlari katta muvaffaqiyatlar bilan o'tadi. Kompozitorni birinchi darajali iste'dod egasi sifatida qabul qilishadi va Mosheles, Kalkbrenner, Gers singari o'sha davrning eng mashhur pianinochilari qatoriga qo'yishadi. Shopen imperator Opera teatrida or. 2 ga variatsiyalar, fransuz bastakori Bualdening "Oppoq ayol" operasidan olingan mavzularga improvizatsiyalari hamda polyak mavzusidagi "Xmel"[12] asarlari bilan chiqishlar qiladi. Shopenning do'stlari va tug'ishganlari uning uzoq muddatli konsert dasturlari bilan safarga chiqishi zarurligini anglab yetishadi. Shopen uzoq vaqtgacha ushbu qadamni qo'yishga ikkilanib yurdi. Uni bo'lajak ishlarga irim bilan qarashlari qiynardi. Unga go'yo Vatanini bir umrga tashlab ketayotganday tuyulaverardi.

1831-yilning kuzida Shopen Parijga keladi. Bu yerda u

---

[12] Xmel - bu so'zning ikki ma'nosi bo'lib, 1) o'simlik; 2) sarxushlik ma'nolarini anglatadi

umrining oxirigacha yashaydi. Biroq Fransiya bastakorga ikkinchi vatan bo'la olmaydi. O'z turmush tarzi bilan ham, ijodi bilan ham Shopen polyakligicha qoladi. U hatto o'limidan keyin yuragini Vataniga olib borishni vasiyat qiladi. Shopen Parijni maftun qildi, bu bir paytlar Venani Motsart, Betxovenlar egallaganiga o'xshab ketardi. Listga o'xshab u ham jahon pianinochilarining eng yaxshisi sifatida e'tirof etiladi. Konsertlarda Shopen, asosan, o'zi yozgan asarlarini, orkestr bilan birgalikda fortepiano uchun konsert, konsert rondolari, mazurkalar, etyudlar, noktyurnlarni, Motsartning "Don Juan" operasidan olingan mavzular variatsiyalarini ijro etardi. Ayni mana shu variatsiyalar haqida mashhur nemis bastakori va tanqidchisi Robert Shuman Shopenga atab shunday deb yozgan edi: "Bosh kiyimingizni qo'lga oling, janoblar, huzuringizda daho turibdi".

30 va 40-yillar Shopen ijodida eng samarali bo'ldi. Bu davrda kompozitor mazmunan eng teran va ahamiyatli asarlarini yaratdi. Jumladan, ikkinchi, uchinchi va to'rtinchi balladalari, b-moll va h-moll sonatalari, eng yaxshi polonezlari, shuningdek, polonez-fantaziyalari, ikkinchi, uchinchi, to'rtinchi skerso va boshqa ko'pgina asarlar yaratilgan davr bo'ldi. Italyan bel cantolaridagi kantilenalik - operaga xos rechitativ-deklamatsion unsurlar, slavyan qo'shiqchiligi orqali o'zgarib, moslashib shopencha individual melodizmni shakllantirdi. Operadagi teatrallik, manzaraviylik, polyak eposidan ruhlanish natijasida mahobatli qahramonona – epik ko'rinishlarda o'zining murakkab qayta o'zgacha aksini topdi.

7.4. Ferens List.

Ferens List – buyuk venger kompozitori, pianinochi, dirijyor, Vengriya musiqa san'ati rivojiga katta hissa qo'shgan jamoat arbobi. Listning taqdiri shunday bo'ldiki, u Vengriyani juda erta tark etadi. Kompozitor umrining ko'p yillarini Fransiya

va Germaniya shaharlarida o'tkazdi.
San'atkor List doimo o'zining venger ekanligini ta'kidlagan. U o'z xalqi, Vatani bilan faxrlanib, doimo venger musiqa madaniyatini qo'llab-quvvatlagan va rivojlantirishga harakat qilgan. Hayoti davomida List venger mavzusiga ko'p murojaat qiladi. Buni kompozitor tomonidan yaratilgan bir qancha asarlarida ham ko'rish mumkin. Jumladan, "Venger uslubidagi qahramonlik marshi", "Vengriya" kantatasi, bir nechta "Venger milliy kuylari" daftari, vatan obrazlari bilan bog'liq uchta simfonik poema, "Qahramonlar haqida girya", "Vengriya", "Gunnlar jangi", xalq ohanglari qo'llanilgan erkin shaklli venger rapsodiyalari, Vengriyaning mashhur arboblari SH.Petefi va M.Vereshmartilarning musiqiy xarakteristikasidan iborat "Venger portretlari" fortepiano uchun mo'ljallangan qo'shiqlar turkumini keltirish mumkin. Shuningdek, Venger mavzularini quyida damli cholg'ular uchun maxsus yozilgan asarlarida ham eshitish mumkin, masalan, "Gran ibodati", "Muqaddas Yelizaveta haqida afsona", "Venger toj kiyish marosimi" messasi va boshqa bir qancha asarlarini keltirib o'tish mumkin.
Listning Vengriya bilan bo'lgan aloqalari haqida uning "Venger lo'lilari musiqasi" haqidagi kitobida va uning Budapeshtdagi milliy musiqa akademiyasi birinchi prezidenti etib tayinlanishi (1875) guvohlik beradi.
O'zining rang-barang topilmalari bilan List melodika sohasini kengaytirgan holda bir vaqtning o'zida u garmoniya sohasida ham yangiliklar kiritadi. Ferens List – "simfonik poema" janri va "monotematizm" deb ataluvchi musiqiy rifojlanish usullarining yaratuvchisi bo'lib hisoblangan. Listning fortepiano texnikasi, faktura sohasidagi muvaffaqiyatlari ahamiyatlidir, negaki, List daho darajasidagi ijrochi bo'lgan va tarixda unga yetadigani bo'lmagan.
Ferens List 1811 yil 22 oktabrda Doboryan qishlog'ida (Vengriya) dunyoga kelgan. Bolaligidan lo'lilar ohanglari va venger dehqonlarining quvnoq qo'shiqlariga maftun bo'lib

qoladi. Listning otasi, graf Esterxazining katta yermulkida boshqaruvchi, havaskor musiqachi bo'lgan va o'g'lining musiqaga qiziqishini rag'batlantirib turgan. Aynan otasi yosh Ferensga fortepiano chalish sirlarini o'rgatgan. Yosh ijrochi 9 yoshida qo'shni Shoprone shaharchasida o'zining birinchi konsertini beradi. Tez orada u Esterxazining ajoyib qasriga taklif etiladi. Bolakayning ijro mahorati graf mehmonlarini shunchalik hayratlantirdiki, bir nechta zodagonlar Listning musiqiy ta'lim olishi uchun pul to'lash istagini bildirishadi. Natijada Ferensni o'z bilimini oshirishi uchun Venaga yuborishga qaror qilishadi. Bu yerda kompozitsiyani A.Salyeridan va fortepianoni Yevropaning yirik pedagogi Karl Chernidan o'rganadi.

Listning Venadagi debyuti 1822 yil 1 dekabrda bo'lib o'tadi. Tanqidchilar hayratda qolishadi va shu kundan e'tiboran, List uchun shuhrat va to'la zallar ta'minlanadi. U mashhur noshir A.Diabellidan vals mavzusiga variatsiyalar yozish taklifini oladi. Shunday qilib, noshir xuddi shu iltimos bilan murojaat qilgan buyuk Betxoven va Shubertlar davrasiga yosh musiqachi List ham qo'shilib qoldi. Shunga qaramay List (xorijlik sifatida) Parij konservatoriyasiga qabul qilinmagan va o'z bilimini oshirish maqsadida to'lovli darslarga qatnaydi. List musiqa nazariyasi bo'yicha Parijda italyan operasi kapelmeystri F.Pauer va konservatoriya professori A.Reyxdan (millati chex bo'lgan) ta'lim oladi.

Listning dastlabki kompozitorlik tajribalaridan biri 1825 yili Grand Operada qo'yilgan "Don Sancho" yoki "muhabbat qasri" operasi bo'ldi. Bu vaqtda u konsertlar bilan Fransiya va Angliyaga bir qator safarlarni amalga oshiradi. Otasining o'limidan so'ng (1827) List dars bera boshlaydi. O'sha paytda yosh bastakorlar G.Berlioz va F.Shopen bilan tanishadi. Ularning san'ati Listga katta ta'sir ko'rsatib, Berliozning partiturasidagi milliy-mahalliy boylikni "fortepiano tiliga o'girish" hamda Shopenning mayin lirizmini o'zining jo'shqin temperamenti bilan qo'shib olib borishni uddalay oldi. List Shopenga bag'ishlangan ko'plab

nozik va aniq tavsiflar va kuzatishlardan iborat bo'lgan kitob yozadi.
1830 yil boshida italiyalik virtuoz skripkachi N.Paganini Listning eng yaxshi ko'rgan san'atkoriga aylandi. List o'sha darajada ajoyib fortepiano uslubini yaratishni maqsad qilib oldi va hatto, Paganinining konsert estradasida o'zini tutishidagi ayrim xususiyatlariga taqlid qilardi. Endi List virtuoz pianinochi sifatida raqobatchiga ega emasdi.
1835-yildan 1839-yilgacha List Mari d'Agu[13] bilan Shveysariyadan Italiyagacha katta sayohatni amalga oshiradi. O'zining Shveysariya haqidagi taassurotlarini List "Sayohatchi albomi"(1835–1836) nomi bilan fortepiano asarlari turkumida gavdalantirgan. Bu turkum to'rt bo'limdan iborat bo'lib, birinchi bo'lim – "Taassurot va poetik kechinmalar" deb nomlanadi, bu bo'lim quyidagi yettita pyesani o'z ichiga oladi. Jumladan, "Lton", "Buloqda", "Vallenshtadt ko'lida", "Jeneva qo'ng'iroqlari", "Oberman vodiysi", "Vilgelm Tellning butxonasi", "Psalom" pyesalar jamlanmasidan iborat. Ferens Listning "Sayohatchi albomi"ning ikkinchi bo'limi "Alp yaylovi gullari" kabi nomlangan bo'lsa, uchinchi bo'lim "Parafrazalar"dan iborat. List rus bastakorlarini yaxshi ko'rar va ularning asarlariga ko'plab transkripsiyalar yozgan edi: "Ruslan va Lyudmila" operasidan Chernomor marshi, Chaykovskiyning "Yevgeniy Onegin" operasi, Alyabyevning "Bulbul", Rubinshteynning "Azra"sidan polonezlar. List tomonidan Aleksey Tolstoyning "So'qir mashshoq" matniga melodeklamatsiyasi yozilgan. Hayotining so'nggi yillarida List "Sayohatlarning uchinchi yili"ni yozdi. Unda bastakorning Rim taassurotlari aks etgan ("dyeste villas! sarvlari", "dyeste villasi favvoralari"). So'nggi davrda List ijodi turli qarama-qarshiliklarda o'tadi, bunda diniy mushohada unsurlariga ega bo'lgan musiqiy asarlar bilan birgalikda, musiqiy impressionizm manbalarini

---

[13] Mari d'Agu – Daniyel Stern taxallusi bilan yozuvchi sifatida bir qancha asarlarga mualliflik qilgan.

ochib beruvchi asarlar ham uchraydi ("Qo'ng'ir bulutlar" (1881), "Motam qayig'i" (1882). Shuningdek List maishiy raqs janri bilan bog'liq bo'lgan yorqin asarlar ham ijod qildi. Bunda uchta "Yoddan chiqqan vals" (1881-1883), ikkinchi va uchinchi "Mefisto-vals" (1880 1883), "Mefisto-polka" (1883), "So'nggi venger rapsodiyalari"ni yozdi. So'nggi yillarda List ommaviy chiqishlarini qayta boshlaydi. Vagner vafotidan so'ng 1883 yili List Veymarda xotira konsertini o'tkazadi. 1886 yil boshida 75 yoshli List Angliyaga boradi, u yerda qirolicha Viktoriya tomonidan qabul qilinadi va uni qadrlovchilar tomonidan hayajon bilan kutib olinadi. Charchagan va o'zini yomon his qilayotgan List Angliyadan Bayretga har yilgi Vengriya festivaliga keladi. U ana shu shaharda 1886 yil 31 iyulda o'pka shamollashiga chalinib vafot etadi.

Tayanch so'z va iboralar: Musiqiy romantizim, fortepiano ijodi, simfoniya, sonata, torli cholg'ular, pyesalar, milliy raqs va qo'shiqlar.

Mavzu bo'yicha savol va topshiriqlar
1. Musiqiy romantizim deganda nimani tushunasiz ?
2. Asosan xalq musiqasiga murojaatlar qaysi kompozitorlarning ijodida yaqqol namoyon bo'ldi?
3. Frans Shubert ijodidan nimalarni bilasiz.
4. Shubert ijodida qanday janr muhim rol o'ynadi ?
5. Robert Shumanning hayoti va ijodi haqida nimalarni bilasiz.
6. R.Shumanning fortepiano ijodi xususida so'zlab bering.
7. Frederik Shopen ijodiy faoliyatidan nimalarni ayta olasiz.
8. Shopenning yuksak mahorat bilan ijro etib kelinayotgan qanday asarlarini bilasiz.
9. Buyuk venger kompozitori Ferens List haqida nimalarni bilasiz.
10. Listning "Sayohatchi albomi" nomli fortepiano asarlar turkumi xususida

nimalarni bilasiz.

8-мavzu. XIX asr Yevropa musiqa san'ati
Reja:
1. V.Bellini, G.Donitsetti, J.Rossini.
2. J.Verdi, J.Bize, G.Berlioz, R.Vagner, B.Smetana.
3. A.Dvorjak, E.Grig, I.Albenis.

Bu davrda opera janrida ijod qilgan ilg'or kompozitorlardan – V.Bellini (1801-1835), G.Donitsetti (1797-1848), J.Rossini (1792-1868), J.Verdi (1813- 1901)larning ijodiy faoliyatlarida yaqqol namoyon bo'ladi.

8.1. V.Bellini, G.Donitsetti, J.Rossini.
Vinchenso Bellini (3.11.1801, Italiya, Kataniya – 23.09.1835, Fransiya, Pyuto) – italyan kompozitori, u 11 ta opera yaratgan. Kompozitor jahon musiqa madaniyati tarixiga belkanto uslubining mohir ijodkori sifatida kiritildi. U italyan operasida o'z yo'li va uslubiga ega kompozitor hisoblanadi. Uning sevimli ilk "Adelson va Salvini" (1825) opera buffasida italyan milliy janri namoyon bo'ladi.
Gaetano Donitsetti (29.11.1797, Bergamo, Lombardiya – 8.04.1848, Bergamo, Lombardiya). Uning ijodida asosan opera, messa, psalm va kantatalar ijod qilinganini ko'rish mumkin. U 24 yillik kompozitorlik faoliyati mobaynida 74 ta opera ijod qildi. Uning ilk operalari "Enriko, graf Burgundskiy" (1818) va "Livonskiy plotnik"(1819) bo'lsa, kompozitorning "Lyubovniy napitok"(1832), "Lyuchiya di Lammermur"(1835), "Favoritka"(1840), "Don

Paskuale"(1843) operalari uning shoh asarlari hisoblanadi[14].
Joakino Rossini (29.02.1792, Italiya, Pezaro – 13.11.1968, Fransiya, Passi)ning operadagi ijodi Italiyadagi milliy ozodlik harakati bilan bog'liq bo'ldi. Uning operalaridagi kuy tuzilmalarida xalq milliy qo'shiq va raqslarining o'ziga xos jihatlari keng ifodalanadi. Kompozitorning jami 39 ta opera va bir qator kamer va damli cholg'ular uchun yozgan asarlari mavjud bo'lib, uning "Seviliyalik sartarosh" operasi – Italiya buffa operasining cho'qqisi bo'lib xizmat qildi. Bu davrda musiqaning demokratik, realistik xususiyatlari ustivorlik kasb etgan edi. J.Rossinining "Vilgelm Tell" – milliy qahramonlik operasi – uning buyuk opera kompozitorligidan darak beradi. Uning ijodida opera-seria janrining qayta yaratilishi namoyon bo'ladi.

8.2. J.Verdi, J.Bize, G.Berlioz, R.Vagner, B.Smetana.
Juzeppi Verdi (10.10.1813, Italiya Ronkola – 27.01.1901, Italiya, Milan) – Italiya musiqasining buyuk klassigi. Uning ijodiy faoliyatida o'z davridagi milliy ozodlik g'oyasining ta'siri ustivorlik qiladi. Verdini opera dramaturgiyasi va musiqa tilidagi realizm va demokratizm uchun kurashi yaqqol namoyon bo'ldai. Uning "Rigoletto", "Trubadur" operalarida ijtimoiy adolatsizlik mavzusi keng targ'ib qilinadi. Bu davrda Italiya operalarining an'anaviy shakllar talqinidagi yangi ko'rinishlari, realistik xususiyatlarni ochib berishda bir vosita bo'lib xizmat qildi. Opera ijodkorligida hayotiy janrlardan keng foydalanildi. Ayniqsa J.Verdining "Aida" operasida – milliy zulm, inson huquqlari va qadrqimmat uchun kurash g'oyalari aks etadi.
XIX asr ikkinchi yarmida Parij musiqa san'ati keng ravnaq topdi. Bunda qator opera teatrlarining konsert ijrochilik faoliyatlari sezilarli tus oldi. Bu davr kompozitorlarining operalarida romantikaga moyillik yaqqol namoyon bo'ladi. Ayniqsa bu davrda Fransuz operalarida yuksak romantik

---
[14] William Ashbrook. Donizetti and His Operas. – Cambridge University Press, 1983. – P.8-9. (-p.709)

ustivorlikni ko'rish mumkin.
Jorj Bize (25.10.1838, Fransiya, Parij – 03.07.1875, Fransiya, Bujival) – Fransiya musiqasi realistik yo'nalishining vakili. Fransuz romantik kompozitori Jorj Bizening ijodida orkestr uchun asarlar, romanslar, fortepiano pyesalari hamda opera ijodkorligi yaqqol namoyon bo'ladi. Ayniqsa, uning "Karmen" operasi – jahon opera san'atidagi realizm ko'rinishining yuksak cho'qqisidan biridir. Uning negizida xalq orasidan chiqqan inson qadr-qimmati, haq-huquqlarini qaror topishi uchun kurash g'oyalari aks etadi[15].
Gektor Berlioz (11.12.1803, La-Kot-Sent-Andre – 08.03.1869, Fransiya, Parij) – fransuz kompozitori, dirijyor, musiqiy romantizm oqimining yorqin namoyondasi. Uning musiqalarida mavzu va obrazlar yig'indisi. Uning dasturiy simfonik asarlari o'ziga xos ahamiyat kasb etib, bunda mazmun va tasvir kompozitsiyalashuvining o'ziga xos xususiyati: leytmotiv, orkestrni tembrkoloristika bilan boyitish, natijada musiqa cholg'ulari mukammalligiga erishishda yaqqol namoyon bo'ladi. U nafaqat kompozitor sifatida, balki Vagner kabi yangi dirijyorlik maktabiga asos soldi.
Rixard Vagner (22.05.1813, Leypsig, Reyn – 13.02.1883, Venetsiya, Italiya) - buyuk nemis kompozitori, dirijyor va nazariyotchi. Yorqin opera islohtchisi. Uning opera va simfoniya janrida o'ziga xos ijod yo'li mavjud. Uning ijodining 30-yillarida romantikaga moyillik sezilsa, 40-yillarda yaratilgan operalaridagi romantik lavhalar, jumladan, "Darbador dengizchi", "Tangeyzer", "Loengrin" operalari hamda ularning musiqiy dramaturgiyasidagi realizm ko'rinishlarida yanada yaqqol namoyon bo'ladi. R.Vagnerning 40-yillar oxiri 50-yillarning boshidagi qilgan nazariy ishlari yuksak baholanadi. Vagner ijodidagi g'oyaviybadiiy qarama - qarshiliklarining keskinlashuvi,

---

[15] Jorj, Bize // Ensiklopedicheskiy slovar Brokgauza i Yefrona. V 86 t. – SPb., 1890-1907.

inqilobning inqirozga yuz tutish oqibati inikosi sifatida tarixda iz qoldirdi.
Berdjix Smetana (02.03.1824, Litomishl, Chexiya – 12.05.1884, Praga, Chexiya) - Chexiya musiqasining dahosi, milliy musiqa maktabining asoschisi. Uning yorqin ijod yo'li, opera sohasidagi ijodiy faoliyati. Chexiya klassik komediyasiga – "Kelin sotildi" operasidagi optimistik g'oyalari bilan javob beradi. Operaning musiqaviy dramaturgiyasidagi ommaviy va xor sahnalarining roli, bosh qahramonlar (ayniqsa Morjenka)ga berilgan keng xarakteristika operadagi xalq qo'shiqchiligiga yaqin tili uning "Polka", "Sosedka" asarlarida namoyon bo'ladi.

8.3. A.Dvorjak, E.Grig, I.Albenis.
Antonin Leopold Dvorjak (08.09.1841, Nelagozeves, Chexiya – 01.05.1904, Praga Chexiya) – buyuk chex kompozitori, musiqiy romantizm davomchilaridan. Chexiya musiqasining yirik vakili, xalq-milliy musiqa san'ati uchun Smetananing safdoshi, simfonik janrning Dvorjak merosi uchun mohiyati, uning xalq qo'shiq san'ati bilan uzviy bog'liq. Xalq maishiy musiqasi janrini simfoniyalashtirish borasida uning "Slavyan raqslari", "Slavyan rapsodiyasi"larida ko'zga tashlanadi. Dvorjak chex klassik simfoniyasining asoschisi sifatida, u yaratgan 5-simfoniya – chex simfonizmining cho'qqisi hisoblanadi.
Edvard Xagerup Grig (15.06.1843, Bergen, Norvegiya - 04.09.1907, Bergen, Norvegiya) – Norvegiya musiqa madaniyatining buyuk dahosi. Uning vatan mavzusi ijodida

mazmun mohiyat kasb etadi. Ijod yo'lining asosiy bosqichlari sirasiga dramaturg G.Ibsen qalamiga mansub "Per Gyunt" dramasiga yozgan musiqasi ulkan ahamiyatga ega. Kompozitor asarlarida xalq yuksak orzularini o'z asarlariga singdirilishi, yorqin afsonaviy obrazlar, lirik manzaralar, janr-hayotiy sahnalar o'z ifodasini topadi (xallit, spring, dans, xullok orkestrlashdagi yorqinlik va ifoda boyligi).

Isaak Albenis (29.05.1860, Kamprodon, Ispaniya – 18.05.1909, Kambo-leben, Fransiya) – buyuk ispan kompozitori, pioninachi, ispan milliy musiqa maktabining asoschilaridan biri. XIX asr Ispaniya realistik musiqa san'atining yorqin vakili. I.Albenis ijodining demokratik, optimistik xarakteri uning asarlarida o'z aksini topgan. List bilan uchrashuvi (1878-1879 yy.) uning ijodida katta burilish yasadi. Albenis keng miqiyosda pianist bo'lib yetishdi. Kompozitor ispan millati uchun juda katta ijodiy meros qoldirdi, uning 500 ta asarlari, shundan 300 ta fortepiano uchun, qolganlari – opera, simfoniya, romans va boshqalarni tashkil etadi. Kompozitorning eng yaxshi asarlarida ispan xalqining milliy qo'shiq va raqslari ruhi singdirilgan. Uning "Kordova", "Granada", "Sevilya", "Malaga" asarlarida Ispaniya koloriti va manzaralari o'z aksini topgan.

Tayanch so'z va iboralar: musiqa madaniyati, opera, simfoniya ijodi, belkanto uslubi, messa, psalm, kantatalar, asarlar, romanslar, fortepiano pyesalari, musiqiy dramaturgiya.

Mavzu bo'yicha savol va topshiriqlar

1. XIX asr Yevropa musiqa san'atida yorqin ijod etgan kompozitorlardan kimlarni bilasiz.
2. Bu davrda Norvegiya musiqa madaniyati haqida nimalarni bilasiz.
3. Chexiya musiqa madaniyati haqida gapirib bering.
4. XIX asr Fransiya musiqa maniyati xususida so'zlab bering.
5. XIX asr Italiya musiqa madaniyati xususida nimalarni bilasiz.

6. V.Bellinining ijodiy faoliyatidan nimalarni ayta olasiz.
7. V.Bellini nechta opera yozgan ularni aytib bering ?
8. Gaetano Donitsetti haqida nimalarni bilasiz.
9. Joakino Rossini hayoti va ijodidan yana nimalarni bilasiz.
10. J.Rossinining ijodiy faoliyatidan nimalarni bilasiz.
11. J.Verdining hayoti va ijodi haqida so'zlab bering.
12. J.Verdining qanday asarlarini bilasiz.
13. J.Bizening hayoti va ijodiy faoliyati haqida gapirib bering.
14. J.Bizening eng yorqin operasi qanday nomlanadi, u haqda nimalarni bilasiz.
15. Gektor Berliozning ijodiy faoliyati haqida nimalarni bilasiz.
16. Rixard Vagnerning ijodiy faoliyati haqida nimalarni bilasiz.
17. Berdjix Smetananing Chexiya musiqa madaniyatida tutgan o'rni.
18. Buyuk chex kompozitori Antonin Dvorjakning simfoniya ijodi.
19. Edvard Grigning Norvegiya musiqa madaniyatidagi tutgan o'rni.
20. Isaak Albenisning ijodiy faoliyati haqida nimalarni bilasiz.

II BOB. Rus musiqasi
9-мavzu. XIX asr rus musiqa san'ati
Reja:
1. O'rta asr rus musiqa madaniyati.
2. M.I.Glinka va A.S.Dargomijskiylarning hayoti va ijodi.
3. N.A.Rimskiy-Korsakov va M.P.Musorgskiylarning hayoti va ijodi.

4. A.P.Borodin va P.I.Chaykovskiylarning hayoti va ijodi.
9.1. O'rta asr rus musiqa madaniyati.

O'rta asr rus madaniyati yetti asr mobaynida, ya'ni XVII asrga qadar tarkibidagi barcha qismlar birlikda hamda parallel ravishda rivoj topib keldi. San'atlararo sintezli jarayonga – bunyodkorlik, monumental freska rassomchiligi, ikona yozuvlari, kichik plastika, amaliy san'at va adabiyot namunalari bilan bir qatorda qadimgi rus cherkov musiqasi ham kirgan. O'rta asr rus musiqasi bir ildizdan rivoj etgan. Rus cherkov musiqasining ming yillik tarixida Qadimgi Rusni asosiy qo'shiqchiligi - znamenniy raspev bo'lgan. Bu musiqa monumental va dabdabali bo'lishiga qaramay, uning ifodali vositalar tarkibi o'zining soddaligi bilan e'tiborlidir - monodik unison ijro, lo'nda va jiddiy bo'yoqli jarangdorlik. Qadimgi rus musiqa ijodkorlari tashqi effektlardan uzoq edilar, chunki ularning asosiy maqsadi chuqur hissiyot va fikrni yetkazib berish. So'z ma'nosi qo'shiqchilikni poydevori edi.

Qadimgi Rus musiqa madaniyatini shakllanishida Vizantiya madaniyati barcha yo'nalishda o'z ta'sirini o'tkazdi. U rus diniy musiqasining estetik tarkibini, janrlar tabiatini, madhiyaviylik va uni amaliy muhitini belgilab berdi, hamda Qadimgi Rus musiqasini notalashtirish va yozib olish tizimini yo'lga qo'ydi.

Vizantik marosimlari Rus cherkovida musiqiy kanon va uning qoidalarini (cho'qintirish kabi) shakllanishiga asos soldi.

XI – XIV asr rus xalqi hayotida katta o'rin xalq qo'shig'i va cherkov ko'shiqchiligi egallagan edi. Xalq musiqa og'zaki ravishda otadan o'g'ilga o'tgan edi, cherkov musiqasi esa kitobiy bo'lgani uchun ma'lum bir bilimni talab etgan. Xalq va cherkov qo'shiqchiligining musiqiy tuzilishi asosida popevka(kuycha)lar omili yotadi. Xalq qo'shiqlarining popevkalari ochiq hissiy emotsional xarakterga ega bo'lib o'ziga xoslik, keng intervalli yurishlar va ritmik sur'atni o'tkirligi bilan cherkov qo'shiqlaridan farq qiladi. Xalq qo'shiqlari takrorlanuvchi baytlarga, naqoratli shaklga va ko'pincha raqs ritmining harakatiga asoslanadi. Diniy musiqaning kuy rivojida uzluksizlik va parvozlik hukum suradi, raqs ritmga yaqinlik esa man etiladi.

Bu davrda Kiyev Rusi madaniyati uchun juda muhim voqea bo'lgan – aka - uka Kirill va Mefodiy slavyan yozuvini kashf ettilar. X – XI asrlarda yozuv, ta'lim va kitobchilik ishini rivojiga Kiyev knyazlaridan bo'lgan Vladimir va Yaroslavlar katta hissa qo'shadilar. Kiyev Rusida uchta asosiy nota yozuvi turlari mavjud bo'lib, ularning har biri faqat bir turdagi raspevni qog'ozga tushirish uchun mo'ljallangan bo'lib, znamenniy (znamenniy raspevdagi cherkov qo'shiqlari), kondakar (faqat kondak, kinonik va prokimn qo'shiqlari) hamda ekfonetik (Muqaddas kitoblar - Yevangliya, Apostol, Prorochestv o'qishga mo'ljallangan qo'shiqlar) nota yozuvlaridan iborat edi.

XI – XIV asrga qadar Rusda ikkita qo'shiqchilik uslubi - kondakar va znamenniy raspev mavjud edi. Znamenniy ijro uslubi xor uchun mo'ljallangan bo'lib, ko'pincha rechitativga asoslangan. Kondakar ijro uslubi esa yakkaxon ijrosi uchun mo'ljallangan.

Cherkov musiqasi bilan bir qatorda saroy, knyazlar va xalq musiqa turlari mavjud edi. Kiyev Rusida qahramonona shuhratli-qo'shiq keng tarqalgan bo'lsa, Novgorodda bilina janri xalq hayotida muhim o'rin egallagan. XIX asr Rus musiqa madaniyatining gullashi va rivoj topishi bilan belgilanadi. Asrlar osha xalq ichida musiqiy san'atning bebaho durdonalari to'planib, asrab avaylab kelingan. Bir qancha rus kompozitorlari bu merosni ardoqlab, to'plab o'rganadilar. Shular qatorida Balakirev, Rimskiy-Korsakov, Lyadovlar rus qo'shiqlaridan tuzilgan to'plamlar yozib qoldirdilar.

Ma'lumki, XVIII asrda akkordli garmonik jo'rligida ijro etilgan dastlab maishiy – shahar qo'shiqlari paydo bo'ladi. Mazkur yillarda rus xalq qo'shiqlarining notaga tushirilgan ilk namunalari chop etiladi. Ushbu davrda so'zlashuv operalar misolida birinchi rus operalari yaratila boshlaydi. Mazkur yillarda Peterburgda keng ommaviy "Rossiya teatri" faoliyat olib boradi. XVIII asrning so'nggi choragi Rossiyada o'zining kompozitorlik maktabi shakllanadi. Dubyanskiy, Berezovskiy, Bortnyanskiy, Fomin, Xandoshkin kabi bir qancha yosh kompozitorlar – ifodaviy romanslar, rus qo'shiqlarni qayta ishlovi, fortepiano va torli cholg'ular uchun asarlar, simfonik uvertyuralar, opera va spektakllar uchun asarlar yaratadilar.

9.2. M.I.Glinka va A.S.Dargomijskiylarning hayoti va ijodi.

M.I.Glinka – buyuk rus kompozitori rus klassik musiqa asoschilari-dan biri. Kompozitorning ilk musiqiy taasurotlari xalq musiqa bilan bog'liq edi. Bolalik chog'laridan u professional musiqa san'atiga qadam qo'yadi. Glinkaning yoshlik damlari Peterburgda o'tgan. Kompozitorning dunyoqarashi shakllanishiga u 1818- 1822 yillarda o'qigan pansiondagi V.K.Kyuxelbeker bilan tanishuvi muhim rol uynadi.
Glinka fortepiano bo'yicha taniqli pianist va kompozitorlar Dj.Fild va SH.Mayerlardan dars saboqlarini oladi. 20-yillarda Glinka musiqiy jamoa doirasida pianinochi va xonanda sifatida taniladi. Ayni shu vaqtda uning birinchi asarlari bo'lgan kamer, cholg'u, vokal va fortepiano uchun asarlar yozilgan.
M.I.Glinkaning kompozitorlik iste'dodi yorqin qirralari bilan romans janrida namoyon bo'ladi ("Ne iskushay!, "Bedniy pevets" va h.k.) Kompozitorni A.Pushkin, V.Jukovskiy, V.Odoyevskiylar va dekabristlar bilan yaqindan tanishuvi kompozitorning ilg'or g'oyaviy qarashlari va estetik tamoyillarini shakllanishida katta ta'sir o'tkazdi.[16]
1830-1834 yillarda Mixail Glinka – Italiya, Germaniya, Avstriya bo'ylab sayohat qiladi. Yaqindan yirik madaniyat

---

[16] Romen Rollan. Gendel. 20 jildlik asarlar to'plami, 17-jild. – L., 1935, 11-b.

markazlarining hayoti, san'ati, musiqiy janrlari bilan tanishadi. Turli uslub va janrlarni o'zlashtirgan kompozitor "belkanto" uslubini chuqur o'rganib shu asosda bir qancha asarlar yaratadi. M.I.Glinka ijodi rus milliy madaniyat rivojini yuksalishidan dalolat beradi. Rus adabiyotida A.S.Pushkin, rus musiqa tarixida Glinka kabi daholar yangi tarixiy davr asoschisi sifatida sahnaga chiqdi. Glinkaning asarlari rus musiqa madaniyatining umummilliy va jahondagi ahamiyatini ko'rsatdi. Uning ijodi chuqur ildizlari bilan milliy xalq san'atiga borib taqalar ekan, rus qo'shiqchilik va qadimgi xor an'analari ta'sirida XVI – XIX asr kompozitorlik maktabining eng sara namunalarida o'z aksini topdi.

Ilk bor Glinka ijodida Sharq mavzui yorqin ifoda etiladi (bu yerdan rus musiqasida oriyentalizm oqimi kelib chiqadi). Kompozitorning simfonik asarlari rus simfonizmini so'nggi rivojlov pallasini belgilab berdi. Glinkaning "Kamarinskaya" asarida milliy fikrlash, boy xalq musiqa merosi professional mahorat orqali ochib berishga erishilgan.

A.S.Dargomijskiy – taniqli rus kompozitori, san'at arbobi. Uy sharoitida keng doirada ta'lim olgan (musiqiy ta'lim ham shu qatorda). M.I.Glinka bilan ijodiy tanishuvi (1835) uni kompozitor bo'lishga ishonchini mustahkamladi. Dargomijskiyning ilk yaratgan asarlari Glinka an'analarini o'zgacha talqini bilan tinglovchi e'tiborini o'ziga jalb etadi. Kompozitorning V.Gyugoning "Sobor Parijskoy bagomateri" romani asosida yaratgan birinchi "Esmiralda" operasi muallifni dramatik iste'dodidan dalolat beradi.

XIX asrning 40 yillarda A.S.Pushkin she'rlariga kompozitor chuqur mazmundorligi va yorqin obrazligi bilan e'tiborni tortuvchi ovoz va fortepiano uchun yozgan "YA vas lyublyu", "Svadba", "Nochnoy zefir", "Liletta" va yana bir qancha romanslarini yaratadi.

40-yillarning ikkinchi yarmi 50-yillar boshlarida Dargomijskiy ijodi san'at va adabiyotda keng rivojlanayotgan tanqidiy realizm g'oyalarini o'zida aks ettirdi. Bunday g'oyalarni o'zida aks ettirgan operalaridan biri "Suv parisi"(1885) operasi yaratiladi.

50-yillarda kompozitorni musiqiy jamoatchilik faoliyati jadallashib boradi. U Rus musiqa jamiyatini a'zolari qatoriga qabul qilinadi. Rossiyada birinchi konservatoriya qurilish va jihozlash proyektlarida qatnashadi. Mazkur yillarda Dargomijskiy bir qator romanslar yaratadiki, ular kamer vokal musiqa ijodining eng yuqori cho'qqisi sifatida e'tirof etiladi.

XIX asrning 50 yillar oxiri 60 yillar boshlarida Dargomijskiy bir qator yosh kompozitorlar guruhi (keyinchalik "Qudratli to'da" a'zolariga aylanganlar) bilan tanishib yaqindan ijodiy aloqa o'rnatadi. Buning natijasi o'laroq "Chaqmoq" (keyinchalik "Budilnik") hajviy jurnal faoliyatida faol qatnashadi.

Mixail Glinka bilan bir qatorda Aleksandr Dargomijskiy rus klassik maktabini shakllanishida tamal toshini qo'ygan namoyandalardan biri. Kompozitor ijodining markaziy asarlardan biri "Suv parisi" operasi bo'lib, xalq-maishiy, ruhiy - musiqiy drama sifatida yangi janr tug'ilishiga asos soldi. Dargomijskiy birinchilardan bo'lib, operada ijtimoiy tengsizlik masalasini ko'tarib chiqdi. Bu bilan kompozitor vokal lirika janrlarini boyitdi.

Shuningdek, uning ijodida dramatik ko'shiq – "Qariya kapral", hajviy-satirik ko'shiq – "Chuvalchang va titulyar maslahatchisi" asarlari o'ziga xos ahamiyat kasb etadi. Uning cholg'u asarlari ahamiyati opera va romanslarga nisbatan kamroq bo'lsada biroq keyinchalik rus kompozitorlari ijodida rivojlantirib qo'llangan ba'zi xarakterli usullarni o'z ichiga qamrab olgani bilan ajralib turadi. Uning orkestr uchun yozgan pyesalari qatoriga "Yalmog'iz kampir", "Kichik russiyali kazachok", "Chuxon fantaziyasi" kabi bir qancha pyesalarini kiritish mumkin.

Konkret va individual obrazlarni yaratishda insonlarning jonli so'z nutqi xizmat qilgan. Bu tamoyil radikal tarzda "Toshli mehmon" operasida namoyon bo'lib, unda to'lagicha kuychan rechitativlarga asoslanganini ko'ramiz. Operada yana yangi tub vazifa yoritiladi. Musiqa adabiy asarning o'zgartirilmagan matni asosiga bastalangan.

9.3. N.A.Rimskiy-Korsakov va M.P.Musorgskiylarning hayoti va ijodi.

N.A.Rimskiy-Korsakov – rus kompozitori, dirijyor, pedagog va san'at arbobi. 1859-1960 yillarda F.A.Xnille taniqli pianist qo'lida tahsil olgan. Peterburg dengiz korpusining bitiruvchisi, 1862-1865 yillarda Yevropa, Shimoliy va janubiy Amerika bo'ylab dengiz safarlarida bo'lgan. 1861 yili Balakirev to'dasi ("Qudratli to'da"ga a'zosi bo'ldi)ning yorqin vakiliga aylandi. O'z navbatida bu ijodiy yaqinlik kompozitorning shaxsiy estetik qarashlar tizimini shakllanishiga katta ta'sir o'tkazdi. Balakirev ta'siri va rahbarligi ostida birinchi simfoniya, shuningdek "Serb fantaziyasi"ni va yana bir qator romanslar yaratdi. N.A.Rimskiy-Korsakovning ijodiy individuallik qirralari 60-yillarda "Sadko" simfonik kartinasida hamda "Atar" 2-simfoniyalarida yaqqol namoyon bo'ladi. Shu yillarda kompozitor opera janriga murojat qildi. Aynan opera kompozitorning kelgusi ijodiy yuksalishida muhim o'rin tutadi.

XIX asrning 70-yillarida kompozitorning musiqiy faoliyat chegarasi kengaya boshlaydi. 1871 yil Peterburg konservatoriyasining professori bo'lgan N.A.Rimskiy-Korsakov, shuningdek dengiz vazirligining puflama orkestrlarining inspektori, pulsiz bolalar musiqa maktabining direktori, bir qancha simfonik orkestrlar va opera

spektakllarining chiqishlarida dirijyorlik qiladi. Shuningdek, Belyayevning to'garagiga rahbarlik qiladi.
XIX asrning 80-yillarida kompozitorning simfonik janrlarga e'tibori kuchayib boradi. 90-yillarda uning ijodiy faoliyatida birmuncha susayishni kuzatish mumkin. Biroq 90-yillarning ikkinchi yarmida faoliyati jadalashshib, ayni shu damlarda "Sadko" va "Sarskaya nevesta" operalarini yaratadi.
N.A.Rimskiy-Korsakov ijodi o'zgacha chuqur klassik an'analariga tayanib rivoj topgan. 1860 yillarning ilg'or g'oyaviy-badiiy oqimlar bilan bog'liq bo'lgan kompozitor katta e'tiborini xalq ijodiga qaratgan. Qadimgi slavyan mifologiyasi, xalq udumlari, folkloriga bo'lgan qiziqishi kompozitorning "Mayskaya noch", "Snegurochka", "Mlada", "Noch pered Rojdestvom" kabi operalarida yorqin namoyon bo'ladi. Kompozitorning 15 ta operasi turli xil janr (bilina, ertak, afsona, maishiy-tarixiy drama, maishiy-lirik komediya), uslub, dramaturgik va kompozitsion yechinmalarni o'zida namoyish etadi. Bunda nomerli tuzilmalar va yalpi rivojlovga intiluvchi shakllar, katta sahnali va rivojlangan ansamblli, ansamblsiz sahnalarni ko'rish mumkin.
N.A.Rimskiy-Korsakov iste'dodi to'la ravishda uning qalamiga mansub ertak, rus xalq ijodiyoti bilan bog'liq bo'lgan asarlarida yorqin ifodasini topadi. Bu yerda uning boy tasviriy talanti, o'zida qalban his etib, ammo emotsional tarangsiz toza va sof lirika qirralarini yaratish iste'dodi aks etilgan.
Insonning ichki olami, nozik obrazlar ruhiyatini yoritishga intilish A.S.Pushkin asari asosida yozilib, A.S.Dargomijskiyga atab yozilgan "Motsart va Salyeri"(1897), "Boyarinya Vera Sheloga" ("Pskovityanka"ga prolog (1898)) kamer operalarida va ayniqsa tarixiy-maishiy drama syujeti asosiga yaratilgan uning "Sarskaya nevesta"(1898) operasida kuzatiladi.
XX asr boshlarida rus musiqasi uchun xos bo'lgan yangi ijodiy omillar yorqin ifodasini xalq lubok stilizatsiyasini aks

etgan A.Pushkin asari asosida "Skazka o sare Saltane"(1900), shuningdek, ertakona syujet simvol-allegoriya tarzida talqin qilinuvchi "Kuz ertagi" - "Kashey Besmertniy" (1902) operalarida o'z aksini topdi. Kompozitorning simfonik ijodida dasturli (programmali) va janr simfonizmiga intilish yaqqol ko'zga tashlanadi. Shu bois, ijodda ko'proq uvertyura (fantaziya), simfonik tasvir, syuita kabi janrlar salmoqli qismini tashkil etadi. N.Rimskiy-Korsakov simfonik ijodiyotining yuqori pallasi uning orkestr uchun yaratgan "Ispan kaprichchio"si (1887) va "Shaxerezada" (1888) asarlari tashkil etadi. Ijodining muhim qismi kamer vokal lirikaga bag'ishlangan bo'lib, bunda: 79 ta romans, "Bahorda", "Shoirga", "Dengiz bo'yida" vokal turkumlarini ko'ramiz.

N.A.Rimskiy-Korsakov pedagogik faoliyati ham yorqin bo'lgan. Uning qo'lida 200 ta yosh kompozitor, dirijyor va musiqashunoslar tahsil olib, dunyoga tanilgan san'atkorlar bo'lib yetishdilar. Jumladan, A.K.Glazunov, A.K.Lyadov, A.S.Arenskiy, M.M.Ippolit-Ivanov, I.F.Stravinskiy, N.Y.Myaskovskiy, S.S.Prokofyev, N.V.Lisenko, A.A.Srendiarov va boshqalar shular jumlasidan. Pedagogik faoliyatining natijasi – garmoniya, orketrovka bo'yicha kitoblar yaratilishida namoyon bo'ldi.

M.P.Musorgskiy – rus kompozitori. Bolalik chog'laridan o'z onasi qo'l ostida fortepiano bo'yicha tahsil olgan. Shu davrda ilk musiqiy improvizatsiya bo'yicha ilk namunalar yaratadi. Petropavlovsk maktabida, so'ngg gvardiya podpraporshiklar maktabida o'qigan (1852-1856). Bir vaqtda fortepiano bo'yicha Anton Avgustovich Gerke (mashhur pianist) dan dars olgan. 1852 yili kompozitorning ilk asari – "Podpraporshik" polkasini yaratadi. 1858 yili harbiy xizmatni tugatib keyinchalik davlat idoralarida boshqaruv muhandis vazifasini olib boradi (1863 -1867). Konsertlarda Musorgskiy yakkaxon pianist va ansabllchi sifatida chiqgan. 1879 yili xonanda D.Leonova bilan birgalikda Rossiya janubiy shaharlari bo'yicha gastrol konsertida qatnashdi. 1880 yili Lyu Leonova ochgan maktabda akkomponiator (jo'rnavoz) vazifasini o'tadi. M.P.Musorgskiyning badiiy-ijodiy kamol topishiga kompozitor-ning A.S.Dargomijskiy va M.Balakirevlar bilan bo'lgan yaqin ijodiy tanishuvi asos bo'ldi.

M.P.Musorgskiy milliy san'at uchun kurash olib borgan M.Balakirevning "Qudratli to'da" a'zolari qatoriga kirib boradi. 1850 yilning oxiri 1860 – yillar boshlarida yaratilgan asarlarda: xor, orkestr va fortepiano asarlari, romanslar uning ijodiy o'ziga xoslik qirralari namoyon bo'ldi.

60-yillar o'rtasida M.P.Musorgskiy, Nekrasov, Ostrovskiy va o'zining shaxiy she'rlari bo'yicha real xalq hayoti va turmush tarzidan olingan bir necha vokal sahnalarni yaratadi: "Svetik Savishna", "Kalistrat", "Kolibelnaya Yeryomushki", "Spi, spi krestyanskiy sin", "Sirotka", "Seminarist". Ular operalarga etyud bo'lib o'z ichida milliy xarakterni aks etgan.

Kompozitorning ijodiy izlanishlarning markazi – operaga qaratilgan. 1856 yili unda V.Gyugo asari bo'yicha "Gan – islandets" operasini yaratish rejasi paydo bo'ladi. 1863-1866 yillarda G.Fllober asari bo'yicha "Salambo" operasi ustida ishlagan. N.Gogol "Uylanish" asari bo'yicha yozilgan opera oxirigacha yetkazilmagani ma'lum. Biroq mazkur asarlar kompozitorni yirik xalq musiqiy drama "Boris Godunov" (A.Pushkin, N.Karamzin) yaratilishiga poydevor asosini tashkil etdi.

70 yillarda kompozitor xalq musiqiy drama "Xovanshina" ustida ish olib bordi. Bir vaqtning o'zida lirik-hajviy opera "Sorochinskaya yarmarka" yozishni boshlagan. Bu yilarda A.A.Golenisheva – Kutuzova she'rlariga "Bez solnsa", "Pesni i plyaski smerti", "Detskaya" vokal turkumlar yaratildi. Oxirgisi kompozitor she'rlari bo'yicha yozilgan. A.Tolstoy so'ziga romanslar va "Ko'rgazmadan rasmlar" fortepiano turkumi yaratildi.

M.P.Musorgskiy vafotidan so'nng "Xovanshina" N.Rimskiy – Korsakov tomonidan yozib yakullangan. "Sorochinskaya yarmarka" ustida A.Lyadov, S.Kyui, V.Karatigin ishlaganlar. D.D.Shostakovich "Boris Godunov"va "Xovanshina"ni yangi orketr tahririni yaratadi.

M.P.Musorgskiyning musiqiy tili Glinka va Dargomijskiy an'analarini davom ettirgan holda o'zga xos radikal yangiligi bilan ajralib faqat XX asrda qo'llanila boshladi. Bu operalarini ko'aqirrali polifonik dramaturgiyasi, erkin variantli shakllar va tabiiy inson so'zlashuv bilan boshqarilgan kuy ohangidir. Kompozitorning garmonik tili ham o'zgacha bo'lib o'z ichida klassik funksionallik elementlarini xalq lad tamoyillari bilan birikmaligida, impressionistik usullar va eksperssionistik tarzdagi ohanglar majmuida namoyon bo'ladi.

9.4. A.P.Borodin va P.I.Chaykovskiylarning hayoti va ijodi.

A.P.Borodin rus kompozitori, ximik olim, medik va jamoat arbobi. Uy sharoitida keng doirali (jumladan, musiqiy) ta'lim olgan. Peterburgdagi Xirurgik tibbiyot akademiyasini o'qib tugallagan(1856), va keyinchalik ushbu dargohda tibbiyot fanlari doktori(1858), professor (1864), ximiya kafedrasining mudiri(1878), akademik(1877) faoliyat olib borgan. Birinchilar qatorida ayollar uchun tibbiyot kurslarini tashkil etuvchisi. O'z davrining ilg'or olimlari D.I.Mendeleyev, I.M.Sechenov, V.G.Belinskiy va A.A.Gersenlar bilan bo'lgan do'stlik rishtalari Borodin dunyoqarashi va ilg'or g'oyalarini shakllaniiga turtki bo'ldi. Borodin – 60 yillarning targ'ibotchisidir.

Faoliyatida ko'p vaqtni musiqa san'atiga bag'ishlagan, mustaqil tarzda kompozitorlik sir – asrorlarini o'zlashtirdi. 1860 yillarda "Qudratli to'da" a'zosi bo'ldi. Stasov, Balakirev ta'sirida va Dargomijskiy bilan o'rnatgan aloqalar Borodin ijodida Glinka an'analarini davom etishiga katta ta'sir ko'rsatadi. Mazkur yillarda 1-simfoniya, "Botirlar" fors-operasi, "Uyqudagi knyajna" romans va boshqa asarlari yaratiladi.

Katta ilmiy va pedagogik faoliyat, o'zining ishiga bo'lgan

katta talabchanlik va puxtalik siffat tomonlari Borodin asarlarini yozilish muddatini cho'zilishiga sabab bo'lgan. Xususan 2-simfoniya ikki yil ichida yozilgan bo'lsada oxiriga yetkazish uchun yana bir necha yillar kerak bo'ldi. "Knyaz Igor" operasi ustida kompozitor 18 yil ishlagan (asarni orkestrovkasini keyinchalik, kompozitor vafotidan so'ng N.A.Rimskiy-Korsakov va A.K.Glazunovlar bajardilar).

Borodinning ijodiy merosi katta emas. Uning asarlarida rus xalqining ulug'ligi, Vatanga muhabbat, erkinlik mavzulari aks etildi. Borodin asarlarining markazida rus tarixining dostonlaridagi qahramonlar obrazlari, xalq qahramonona dostonlar turib ular orqali kompozitor zamonning dolzarb masalariga javob izlagan. Borodin asarlari epik kenglik va chuqur lirika bilan sug'orilgan. Rus musiqiy folklorni xarakteriga nozik did bilan yondashgan kompozitor Sharq xalqlarning musiqasi bilan tanishib boradi. Shu bois, uning asarlarida rus va sharqona timsollar bir biriga yaqin turadi.

Borodin ijodining yirik, markaziy va qahramonana asarlardan biri "Knyaz Igor" operasi sanaladi. Ushbu asarda epik opera va tarixiy xalq musiqiy drama belgilar mujassam etilgan. Borodin rus klassik simfoniyalarni asoschilaridan biri sanaladi. Uning simfoniyalari (1-simfoniya bir vaqtda N.A.Rimskiy – Korsakov va P.I.Chaykovskiy simfoniyalar bilan yaratilgan), rus simfonizmda qahramononaepik yo'nalishini ochib berdi. Ayniqsa 2-simfoniya bu yo'nalishning cho'qqisiga aylandi. Borodin shuningdek, rus klasik kvartet asoschilardan biri (2-torli kvartet o'zining lirikasi bilan maftun etadi) va kamer vokal lirikada tub yangilik kiritganligi bilan alohida o'rin egallaydi. U birinchilar qatori da romansga rus dostonlar mavzularini kiritdi Epik romans-balladalar ("More", "Pesnya tyomnogo lesa") bilan bir qatorda kompozitor satirik, hajviy qo'shiqlar muallifidir.

P.I.Chaykovskiy buyuk rus kompozitori, dirijyor, pedagog, musiqa san'ati arbobi. 1840 yili 25 aprelda Votkinsk shahrida tavallud topgan. Huquqshunoslik bilim yurtini (Peterburg.1859) tugallab, Vazirlik mahkamasida ishlagan(1863 yilga qadar). 1861 yil boshlab Peterburg konservatoriyasida bastakorlik bo'yicha A.G.Rubinshteyn sinfida tahsil olgan (1866-1878y). Moskva konservatoriyasining professori (ta'lim bergan fanlar: bastakorlik, musiqa nazariyasi, garmoniya, cholg'ushunoslik). Uning o'quvchilari ichida - S.I.Taneyev. Artistik tugaragiga qatnashishi bois, xalq ijodiyoti, jumladan rus musiqa, shahar va maishiy musiqaga qiziqishi ortib boradi. "Qudratli to'da" a'zolari bilan yaqindan tanishishi kompozitorning bir qancha taniqli programmali asarlari to'g'ilishiga turtki bo'ldi (Balakirev maslahati bo'yicha "Romeo va Djuleta" uvertyurasi yaratildi, "Manfred" simfoniyasi (1869), V.V.Stasov esa unga "Bo'ron" simfonik fantaziyasini yozishga undadi (1873)).

P.I.Chaykovskiy ijodida asosiy janrlar – opera va sifoniya muhim o'rin egallagan. Uning musiqasida XIX asr ikkinchi yarmida rus jamiyatida sodir bo'layotgan chuqur va keskin ijtimoiy – estetik ziddiyatlar aks etiladi. Mazmun jihatdan rangbarang hayot voqeyliklarni qamrab olgan kompozitor musiqasi rus va jahon adabiyotining yirik namondalari A.S.Pushkin, N.V.Gogol, L.N.Tolstoy, F.M.Dostoyevskiy, I.S.Turgenev, A.P.Chexov, U.Shekspir, Dante durdona asarlari bilan bog'liq tarzda hayot va o'lim, muhabbat, bolalik, tabiat va maishiy hayot manzaralari yangicha ko'rinishda talqin etadi. Kompozitor ijodida fojiaviy boshchilikni kuchaishi 80 yillarni ohirgi yillarda oshib boradi (ayniqsa "Pikovaya dama" operasida va 6-simfoniyada). "Yevgeniy Onegin" operasida (1878) A.S.Pushkin asari bo'yicha Chaykovskiy lirik betakror sahnalarni yaratdi. O'z operasini kompozitor "lirik sahnalar" deb atagan. Librettoni yaratishda kompozitor do'sti, adabiyotchi K.Shilovskiyni taklif etadi. Opera 7 ta kartinadan tashkil topgan.

Bu yerda uneversal ariozli-rechitativ uslub, vokal va simfonik yaxlitlik hamda o'zaro harakatlilik yaratilib,

A.P.Chexov, K.S.Stanislavskiy psixologik teatrlarida o'rin olgan lirik-dramatik va maishiy-janr planlari oldidan belgilandi. Ushbu operada u oddiy insonlar hayotida o'zining estetik g'oyasini aks ettiradi. Shuningdek, "Yaqin ko'ngilli va kuchli drama", "Orleanskaya deva" (1879), "Mazepa" (1883) tarixiy operalari markazida qahramonlarning ichki ruhiy kechinmalari namoyon bo'lsa, "Pikovaya dama" (1890) opera – simfoniya namunasi bo'lib unda opera shakli sifoniya qoida- qonunlari bilan biriktiriladi. P.Chaykovskiy balet musiqa sohasida tub yangiliklar kiritgan namoyandadir. U yuqori badiiy asarlar yaratar ekan ular simfonik rivojlov tamoyillari bilan boy etilgan ("Lebedinnoye ozero", "Spyashaya krasavitsa", "Shelkunchik").

Kompozitor qalamiga mansub ba'zi she'rlar, uning ba'zi operalariga libretto tarzida qo'llangan, shuningdek, uning sof beg'ubor bolalik haqida yozgan she'rlari rus adabiyotining noyob durdonasi qatorida e'zozlanib kelinadi.

Tayanch so'z va iboralar: rus musiqa san'ati, operalar, amaliy san'at, diniy musiqa, cherkov musiqasi, kondak, kinonik va prokimn qo'shiqlari, kamer, cholg'u, vokal va fortepiano, romanslar, vokal lirika janrlari.

Mavzu bo'yicha savol va topshiriqlar
1. XIX asr rus musiqa san'ati haqida nimalarni bilasiz.
2. M.I.Glinkaning hayoti va faoliyati haqida gapirib bering.
3. M.I.Glinkaning qanday operalarini bilasiz?
4. A.S.Dargomijskiyning hayoti va ijodi haqida so'zlab bering.
5. A.S.Dargomijskiyning ijodida qanday musiqa ko'proq namoyon bo'ladi?
6. N.A.Rimskiy-Korsakov hayoti va ijodiy faoliyati haqida so'zlab bering.
7. N.A.Rimskiy-Korsakov ijodini asosan qanday musiqalar tashkil etadi?
8. A.P.Borodinning hayoti va ijodiy faoliyati haqida gapirib bering.
9. A.P.Borodinning "Knyaz Igor" operasi haqida gapirib

bering.
10. M.P.Musorgskiy hayoti va ijodiy faoliyati xususida so'zlab bering.
11. M.P.Musorgskiy "Qudratli to'da" guruhining yorqin vakili.
12. P.I.Chaykovskiyning hayoti va ijodiy faoliyati haqida gapirib bering.
13. P.I.Chaykovskiyning "Yevgeniy Onegin" operasi kimning asari asosida yozilgan.

10-мavzu. XIX asr oxiri – XX asr rus musiqa san'ati
Reja:
1. Rus musiqa madaniyatining XIX asr oxiri – XX asr boshlaridagi musiqa san'ati rivoji.
2. XX asr 20-yillarida balet janrining rivojini asosiy yo'llari.
3. XX asr 30-yillar balet musiqasi rivojining asosiy belgilari.
4. Musiqiy dramaturgiyani yangilanishi.
5. S.S.Prokofyev, Igor Stravinskiy, Aram Xachaturyan, Kara Karayev.
6. XX asr Yevropa simfonik musiqasi.

10.1. Rus musiqa madaniyatining XIX asr oxiri – XX asr boshlaridagi musiqa san'ati rivoji.

Yangi san'atning rivoji, obrazli va uslubiy evolyusiyasini tahlil qilish, dunyo ma'naviy iqlimini o'zgartirgan muhim ijtimoiy siljishlar bilan uzluksiz ravishda ko'rib chiqilishi lozim. 1909-1923 yillar musiqa davrining aynan uzluksiz tajribalar qatori sifatida talqin qilganlarni bir yoqlama yondashish yo'lida turganlar deb hisoblash mumkin. Urush arafasida musiqiy kelajak haqidagi taxminlar qanchalik buyuk bo'lmasin, yangi davr 1917-1918 yillarda vujudga kelgan deb hisoblash mumkin. Aynan shu davrda asosiy g'oyaviy yutuqlar namoyon bo'lib, yangi badiiy taraqiyot davri boshlanadi. Birinchi jahon urushidan so'ng musiqiy hayotda tub o'zgarishlar ro'y berdi. Jahon sahnasida yangrashni boshlagan noyevropa davlatlarining serjilo folklori hamda ommabop kommunikatsiya vositalarini kashf etilishi kelgusida musiqa san'atining ijtimoiy asosini rivojlov yo'li chegaralarini kengaytirib berdi. XX asr 20-40 yillarda dunyo estetik taraqiyoti hamda internatsional (ko'p millatli) badiiy harakatida musiqaning roli o'sib bordi. Bu yo'l esa modernistik san'atida musiqani o'zi bilan chegaralanishi (mafkuradan, ijtimoiy muamolardan, nomusiqiy g'oyalardan) harakatiga qaramaqarshi kuch sifatida namoyon bo'ladi. Musiqani progressiv (ilg'or) adabiyot va teatr bilan hamkorligi shinavandalar bilan qadrlangan musiqiy janrlarni tiklanishida o'ta zamonaviy uslublar va dolzarb g'oyalar yo'sinida muhim turtki bo'ldi. Xususan keng doirada siyosiy qo'shiqlar nisbattan o'sib borgani e'tiborga molik. Ilgarilari kurash va ozodlik qo'shiqlari shu darajada jamoatchilikga ta'sir qilmagan edi. Insoniylik ideallarini qayta tiklash asnosida monumental janrlarga ham e'tibor oshdi. Jumladan 30-40 yillarda katta, dramatik ziddiyatli simfoniya ijtimoiy-falsafiy muammolarni aks ettirdi. Shuningdek, rus kompozitorlaridan D.D.Shostakovich, N.Y.Myaskovskiy, S.S.Prokofyev, I.F.Stravinskiy; chet el kompozitorlaridan A.Onegger, P.Xindemit, A.Russell, E.B.Britten simfoniyalari misolida ko'rish mumkin. Shu bilan birga uzoq vaqt davomida nozamonaviy, chalkash deb hisoblangan katta opera yangicha talqinda dunyo sahnasiga chiqadi. XX asr 20-yillarining ekssentrik opera-parodiya va urbanistik opera-revyulari o'rniga o'tkir ijtimoiy ziddiyatlar fonida sodir bo'lgan real insoniy drama sahna yuzini ko'ra boshladi. Bunga rus kompozitorlari ijodidan – D.D.Shostakovichning "Katirina Izmaylova" operasi, S.S.Prokofyevning "Semyon Kotko" va "Urush va tinchlik" operalari, Y.A.Shaporinning "Dekabristlar" operasi; chet el kompozitorlari ijodidan – Paul Xindemitning "Xudojnik Matis", J.Gershvinning "Porgi va Bess" operasi va boshqalar misol bo'la oladi. Ijtimoiy fojia belgilari Alban Bergning "Votssek" operasida (ekspressionizm uslubini bir yoqlama yondashuviga qaramay) namoyon bo'ladi. Shu yillarda balet janrini yanada boyitilishi va dramatizatsiyalashuvi ro'y beradi. Monumental oratoriya janri ham dolzarb matnlar va yorqin zamonaviy uslublar bilan yangilanib boradi ("Na straje mira" Prokofyev va "Skazaniye o bitve za russkuyu zemlyu" Shaporin, "Janna d-Ark na kostre" Onegger asarlari). Ijodkorni o'zgargan dunyoqarashini va tarixiy haqiqat siljishlarini ifoda etgan ushbu janrlar sezilarli darajada tronsformatsiya etilgan. Masalan opera gohida dramatik teatr, gohida esa oratoriyaga yaqin bo'ldi; operada kutilmagan kontrastlar nozik biriktirildi - tragediya va grotesk, xronika va o'zligini lirik bildirish. Asr boshida boshlangan janrlararo chegaralarni o'chirish harakati shu yillarda ham davom etdi va turli xil chatishgan janrlar paydo bo'ldi (simfoniya-kantata, opera-oratoriya, konsert-simfoniya).

Bir qator ilg'or kompozitorlarni qadimgi va zamonaviy xalq musiqasining rang-barang resurslarini ijodiy qo'llash intilishi birlashtirib keldi. Bu yo'nalish romantik davri ijodkorlaridan meros bo'lib qoldi, ammo yangicha ijtimoiy-estetik belgilar bilan boy etildi. Ishchi odamga obraziga murojaat qilgan kompozitorlar - Bartok, Koday, Yanachek, Shimanovskiy, Falya, Enesku. Katta qiziqish bilan Ravel, Miyo, Stravinskiy va Gershvin negrityan jaz ansambllari ijro etgan improvizatsiyalarini eshitganlar. Xalq folklori Xachaturyan, Gadjibekov, Mshvelidze, Balanchivadze, Jiganov, Tulebayev musiqasini yanada boyidi. Xalq qo'shiqchilarining ovozlari xar tomonlama zamonaviy musiqa dunyosiga kirib bordidi.

Birinchi va ikkinchi jahon urushlari oraligida ilmiy-texnik taraqiyot tezkor rivoj etdi.

Taxminan 1923-1924 yillarda ommagalashgan radio uzatuvni hayotga kirib kelishi o'z navbatida musiqa san'atining dunyoviy miqiyosda shinavandalar doirasini kengaytirib bordi. Shu bilan birga o'ziga xos janrlar paydo bo'ladi: radio-opera, yangicha oratorial shakllar. Radio qoshida keng qamrovli shinavandalar auditoriyasiga murojaat qilgan mohirona simfonik orkestrlar faoliyat ko'rsatdi.

10.2. XX asr 20-yillarida balet janrining rivojini asosiy yo'llari.

Ommaviy boshchilik, jamoachilik harakati va hissiyot 20-yillarning balet spektakllari ko'rinishini belgilab berdi. Bunday baletni shakllanishida katta hissa qo'shgan mashhur baletmeysterlardan A.Gorskiy, F.Lopuxova, K.Goleyzovskiylarning ijodiy izlanishlari samarali bo'ldi. 20-yillar xoreografiya san'ati baletning musiqiy san'atidan bir qadam oldinda rivojlandi...

30-yillar mobaynida raqs syujetlari masalasida ish olib borildi. Bu davr baletlari: R.Glierni "Krasniy mak" (1927), B.Asafyevni "Plamya Parija" (1932) va "Baxchisarayskiy fontan" (1934), A.Balanchiyevadzeni "Serdse gor" (1937), A.Kreynni "Laurensiya"(1939), D.Shostakovichni "Zolotoy vek" (1930), "Bolt" (1931) va "Svetliy ruchey" (1935) o'zi bilan xoreografik spektakllarida musiqani rivojlov yo'lini va tamoyillarini belgilab berdi.

30-yillar bu yorqin qashfiyotlar va izlanishlar davridir. Zamonaviy mavzularda ijod qilish va yangi dinamik shakllar harakatini o'rganish kompozitorlar uchun qiziqarli ijodiy laboratoriyasiga aylanib, an'analarning tarixiy mavqeini anglash hamda klassik tuzilmalarga qaytish yo'lini belgilab berdi. Endilikda allegoriyali obrazlar bilan to'ldirilgan balet-plakat o'rniga balet-pyesa qaror topadi. Jamoatchilik qahramonlariga bo'lgan qiziqish asta-sekin qahramonlarning shaxsiy taqdiriga o'tib boradi. Xoreografik spektaklning yangi model asosini musiqada shakllangan klassik tuzilma tashkil etadi. Yangi musiqiy dramaturgiyani qayta anglash jarayonida katta e'tibor syujet yo'lida raqsni ohlanishiga qaratilgan va bu drambalet yo'nalishini paydo bo'lishiga zamin yaratdi.

10.3. XX asr 30-yillar balet musiqasi rivojining asosiy belgilari.

XX asr boshida balet estetikasini shakllanishida asosiy urg'u

an'analar va novatorlik masalalariga qaratildi. 30-yillar MDH (sobiq SSSR) davlatlarining balet san'ati rivojining asosiy yo'nalishlari:
1. g'oyaviy-mavzuviylik, janrni boyishi va drama teatriga bilan yaqin bo'lishi (drambalet deb nom olgan);
2. musiqiy dramaturgiyani boyishi va rivojini davom etishi, novatorlik omil bo'lgan g'oyaviy-obrazli antitezlarni mustahkam o'rniga ega bo'lishi;
3. musiqiy ohangni yangilanishi;
4. Balet shakllari an'analarini qayta anglagan va yangi shakllarni yarata olgan klassik tuzilmani qo'llanilishi.

20-30 yillar balet teatrida ikkita mavzu boshchilik qildi, bu eng avvalo – xalq kurashining qahramonligi qiyofasi. Uni aks ettishir uchun zamonaviy (R.Glierni "Krasniy mak" (1927)) va o'tmish tarixning syujetlariga (B.Asafyevni "Plamya Parija" (1932), A.Balanchiyevadzening "Serdse gor" baleti ("Mzechabuki" 1936), A.Kreynning "Laurensiya" baleti (1939)) murojaat qilindi. Syujetlarning ko'p qismi adabiyot namunalari (roman, pyesa va tarixiy xronika)dan olingan. Bu asarlarda ommaviy boshchilik belgisi - jamoachilik qahramoni oldingi planga chiqdi.

Ikkinchi mavzu - lirik muhabbat, yuqori poeziya bilan o'rab olingan. Uning bilan bosh qahramonlarni shaxsiy taqdiri (B.Asafyevni "Baxchisarayskiy fontan" (1934)) bog'liq bo'ldi.

Bu yillarda musiqiy dramaturgiyani boy etilishi hamda xalq va lirik dramaga asoslangan yangi janrlarni shakl topishi parallel ravishda rivoj etgan. Xalq hayotini, kurashini va dov yurak qahramonlarni xarakterini aks etgan syujet va mavzular qahramonona drama janriga murojaat qilishni talab etgan. Lirikpsixologik damada esa qahramon taqdiri, baxtli hayotga intilishlarida chekka g'am hasratlari namoyon bo'ladi.

MDH (sobiq SSSR)davlatlari balet janrlarining ayrimlari bir birini badiiy yutuqlari bilan boyitdi. Jumladan "Krasniy mak", "Plamya Parija", "Laurensiya" asarlarida qahramonaviylik bilan birga lirik va dramatik sahifalar ham mavjud. Lirik-psixologik asarlarda dramatik va maishiylik chizigilari uchraydi. Bunday polijanrlik hayotni turli lavhalarni qamrab olish va aks etish jarayonida vujudga keldi. 30-yillar yakunida balet-pyesa janri rivojlandi. Bu janrda ma'nolik – syujetni sinonimiga aylandi. Drambalet estetikasi yanada yorqinroq namoyon etiladi. Yangi yo'nalish g'oyasini balet san'atining yirik nazariyachilari A.Gvozdev va I.Sollertinskiy qo'llab quvatlagan. Musiqada yangi xoreografik teatr estetikasini o'z ieodida chuqqur va to'la aks ettirgan kompozitor B.Asafyev bo'ldi. Drambaletni birinchi spektakli Asafyevni "Baxchisarayskiy fantan" asari edi. Shunday qilib balet tarixiy-inqilobiy va lirik-romantik mavzular bilan boyidi; yangi qahramonaviy va poemali janrlar oldinga chiqdi; tarixiylik masalasini yechish jarayonida qo'llangan milliy maishiy va ijtimoiy belgilar o'zi bilan xarakterliyligini oshirib baletni opera janriga, pantomimani rechitativga yanada yaqinlashtirdi, bu esa psixologik tasvirlashni bo'rtirdi. Baletni dramatik teatr bilan aloqasi mustahkamlashdi. Xoreografik spektaklni umumiy madaniyati o'sib bordi.

10.4. Musiqiy dramaturgiyani yangilanishi.

O'tmish va zamonaviy syujetlarni va ulardagi turli xil ziddiyatlilarini ijodida aks ettirgan kompozitorlar qarama-qarshi kuchlarni ifodalovchi ohanglarni chegaralash uslubiga murojaat qilganlar. Shu tufayli baletdagi dramaturgik ziddiyat ohanglarni o'zaro konflikti doirasida namoyon bo'ladi. Bu belgi operadan meros bo'lib o'tgan desak mubolag'a bo'lmaydi.

Dramaturgik ziddiyatlarni amalga oshirishda keng antitezlar uslubi qullanildi. Bu birinchi bosqichda kontrast mavzularni taqqoslanishi bilan chegaralangan bo'lsada, so'ng musiqaga ketma – ketlik bilan kirib borayotgan simfonik rivojlov omillari ta'siri ostida ularni o'zaro muloqoti ham kirib keldi. Baletdagi turli tuman sohalarni tasvirlash eng avvalo ohang jarayonini yangilanishi bilan bog'liq bo'ldi. Ohangni yangilanishi inqilobiy va milliy folklorni qo'llash yo'lidan bordi. O'tmish va zamonaviy inqilob folkloriga murojaat etish novatorlik belgilardan biri bo'ldi. Bu esa qo'shiq-raqs qatlami rolini, ommaviylik mavqeini usib borishiga turtki berdi. Ohangni yangilash bilan bir vaqda "janrlar orqali umumlashtirish" masalasi ham ko'tarildi. Qo'shiq, raqs, marsh janrlari jamoa qahramoni obrazini yaratishda yordam berdi. Baletni tarixiy va zamonaviy mavzularida inqilob folkloriga murojaat qilinishi turli davrlarida o'zgacha bo'ldi. Xususan ayrim ijodkorlar o'tmish namunalarni qayta tiklash va uslublashtirish orqali (R.Glier "Krasniy mak") "davr belgilarini" namoyon etgan bo'lsalar, boshqalari zamonga mos, ohangdosh bo'lgan tarixiy misollarni tanlab (B.Asafyev "Plamya Parija") aks ettirdilar.

Balet musiqasini zamonaviy material asosida tub o'zgartirish yo'lida izlanishlar olib borgan D.Shostakovich ijtimoiy komediya janrini yaratadi. Bu janrda "Zolotoy vek", "Bolt" va "Svetliy ruchey" baletlari yozilgan. Ulardagi musiqa o'tkir fikrli, ziyrak, kashfiyotli hamda zamonaviy satira obrazlariga boy edi. Romantik kechinmalar san'ati o'rniga Shostakovich satirik, hajviylik, ideallashtirilmagan san'atini taqdim etadi; dov yuraklik qilgan bosh qahramonni ulug'lash urniga, amaldorlarni xunik ishlarini fosh etishga e'tiborini qaratdi. Yuqoridagilar D.Shostakovichni asosiy uslubi – grotesk (o'tkir hajviylik)ni shakllanishiga zamin yaratdi. Kompozitor yaratgan baletlarning kompozitsion tuzilishidagi vaqt-oraliq miyorlarini taqqoslanishi ham o'zgacha bo'lgan: keng hajmli tuzilmalar o'rniga, turli xil ritmdagi va tez almashib turgan kontras epizodlarni qo'llaydi. Bunday baletlarni umumiy rivojlov dinamikasi kinomusiqa tempiga yaqinlashadi.

Shostakovich baletlari asosida davrni o'ziga xos "estetik belgisi" bo'lgan-raqs syuita janri yotadi: sport -"Zolotoy vek", Industrial – "Bolt", kolxoz -" Svetliy ruchey" baletlarida. Kompozitor erishgan yana bir yutuqlaridan biri bu tarjimai hol – raqs (tansev-xarakteristik) larini yaratilishidir. U yozgan balet musiqasida bir qator yorqin satirak portretlar galereyasi paydo bo'ldi.

Monolog shaklini mustaqil solo raqsiga ajralib chiqishi va musiqiy dramaturgiyada tutgan muhim o'rni o'z navbatida bosh qahramon shaxsiga o'sib borayotgan qiziqishni aks etdi. Agarda klassik baletda variatsiyadan so'ng koda ijro etilsa, 30-yillarning zamonaviy baletida monologdan so'ng ommaviy sahna harakati keladi.

20-30 yillar MDH (sobiq SSSR) davlatlari baletida xalq ommasi obrazi gavdvlagan ikkita asosiy shakl mustahkam yo'lga qo'ydi – bu syuita va simfonik sahnalar. P.Chaykovskiy romantik vals lirikasini simfoniyalashtirdi, XX asrning birinchi yarmida an'anaviy kardebalet o'rniga kelgan marsh, qo'shiq va qahramonona raqs musiqasi simfoniyalashtirildi. Bu yangi qahramonona musiqiy to'lqin balet finallarini kulminatsion, tantanavor ko'tarinki ruhini belgilab berdi.

Balet spektakllari musiqiy dramaturgiyasi rivojining muhim bo'g'ini syuita bo'ldi. Syuitani yopiq turdagi tabiati va ichki yakunlovchilik tomonga intiluvchangligi arxitektonik tamoyillarini hukm surishidan dalolat berar edi. Bunda sobiq ittifoq baletining klassik o'tmish bilan bo'lgan vorislik an'anasini kuzatish mumkin. O'zining maishiy hordiq chiqaruvchi funksiyasidan ozod bo'lgan syuita jamoa qahramoni - xalq tavsifini aks etadi; folklorning keng qo'llanishi uni milliy va tarixiy haqqoniyligiga, janr boshchiligini klassikdan ustun turishiga olib keldi va o'z davrning ruhini ifoda etishiga turtki bo'ldi.

10.5. S.S.Prokofyev, Igor Stravinskiy, Aram

Xachaturyan, Kara Karayev.

1940 yili S.S.Prokofevning "Romeo va Djuleta" baletining premyerasi boʻlib oʻtdi. Mazkur balet uchun yaratilgan musiqa sobiq ittifoq baletining choʻqqisi boʻlib tan olindi. "Zolushka", "Tosh guli" baletlari balet janrini rivojida muhim bosqich boʻlib qoldilar. Uchta har xil janr asarlari - "Romeo va Djuleta" fojiasi, "Zolushka" - lirik ertak, hamda "Tosh guli" epik dostoni prokofev balet teatrining novatorlik ruhi bilan sugʻorilganligi va turfaligidan dalolat beradi.

Prokofyev Chaykovskiy kabi simfonist va opera dramaturgiya iste'dodini birlashtirib mazkur uchlik baletida yorqin ifodasini topdi.

U keng yoyilgan leytmotiv tizimidan foydalanib balet musiqasini simfoniyaga yaqinlashtirdi. Prokofyev birinchi boʻlib drama janrida - loʻnda, mazmundor monolog va dialoglar orqali, operada muhim vazifani bajargan ariyalari va duet shakllariga baletni yaqinlashtirgan holda musiqiy portretlar gallereyasini yaratishga muvaffaq boʻlgan.

Prokofyev an'anaviy boʻlgan klassik tizimdan voz kechib uning oʻrniga kontrast - tarkibli, boʻlingan nomer prinsiplariga asoslangan tizimni sahnaga olib chiqdi. Xususan, uning mazkur uchta baleti-turli dramaturgik yechimiga ega boʻlgan baletlar.

"Romeo va Djuleta"da kontrast-tarkibli tizim simfonik musiqasining qonuniyatlari original idrok qilinishi asosida yorqin ifodasini topgan. Balet nomerlarni parchalash kontrastida tuzilgan. (an'analarni qayta anglash).

"Zolushka" ertak-baleti Chaykovsiy bilan taassurot uygʻotadi. Unda klassik tizim kontrast - tarkibli bilan birlashib berilgan. "Tosh guli" baletida esa kontrast – tarkibli tizim bilan birga raqs syuitalariga xos boʻlgan divertismentli tamoyilining ahamiyati oʻsib boradi.

Prokofyev rus komik ertakona baleti ("Skazka pro shuta, semerix shutov pereshutivshego" (1915- 1920))ning asoschisi sifatida qayd etiladi. Komediya spektaklida kompozitor aniqlik va loʻndalikka intilgan. Nisbatan mustaqil nomerlar, sahnalar va epizodlarni ketma ket qo'yish usuli dramaturgiyaga yangi xususiyatlar bag'ishlar ekan keyinchalik uni tanqidchilar kinematografiyadagi "montaj" usuliga yaqinlashtirib izoh berishadi.

Prokofyev baletlari: "Skazka pro shuta, semerix shutov pereshutivshego"(1920), "Stalnoy skok"(1925), "Bludniy sin"(1928), "Na Dnepre"(1930), "Romeo va Djuletta"(1946), "Zolushka"(1941), "Skaz o kamennom svetke"(1949).

XX asr boshida yangi rus baletining ijodkorlaridan biri **Igor Stravinskiy** bo'ldi uning "Jar ptitsa" baleti zamondoshlarni original g'oya va yangi musiqiy mazmundorligi bilan lol qoldirdi.Biroq asl ilk ufqlar "Petrushka" va ayniqsa "Vesna svyashennaya" baletlarining yaratilishi bilan ochildi.Stravinskiy nomi bilan klassik baletga rus milliy mavzu: ertak , bozor tomoshalari va qadimgi otash paras marosimlari orqali kompozitor xaql ijodiyotining turli qatlamlarini qamrab oldi. Folklor ko'plab o'sha davr san'atkorlari kabi kompozitorni o'zini badiiylik va o'ziga xos uslubiy tamonlari bilan jalb qildi. Ertak obrazlarida chuqur g'oyaviy mazmundorlik, inson psixologiyasi va uning atrof muhitga bo'lgan munosabatini aks ettirmay balki go'zallik bilan maftun bo'lish, badiiy shaklni original va betakrorligi bilan hayratlanish balet janrida nisbatan ifoda etilgan. Stravinskiy baletlarining musiqiy mazmuni zamondoshlarini hayratda qoldirdi. Xususan "Qudratli to'da" an'analari bilan bog'liqlik sezilarli darajada bo'lgan birinchi baletida birinchi o'ringa tematik va lado-garmonik omilining netralligida, tembro-ritmik va faktura elementlari ham oldinga chiqadi. Stravinskiyning mazmundorlik haqqoniyligini ko'rsatishga intilish hayot kuzatuvchisi o'rnida tutgan pozitsiyasi "Petrushka" baletida birmuncha o'zgaradi. Unda qo'g'irchoq teatri obrazlari misolida bozor tomoshalari to'fonida romantik san'at uchun xos bo'lgan inson dramasi uning yolg'izligi, yakkalanishi aks etiladi. Petrushkani azobi va ommani quvonchi bu mustaqil harakat dinamikasiga ega bo'lgan ikki olam taqqoslanadi. Baletda yangicha turdagi ommaviy sahnalar o'rin olgan. Uning ildizlari baletda emas balki rus operasidagi xalq obrazlarining talqini bilan bog'liq. Shu yerdan uning yangi uslubiy xususiyatlari kelib chiqadi. "Vesna svyashennaya" baleti qadimgi marosimlarni ifoda etuvchi sahnalar ketma ketligida tuziladi. Baletda syujet yo'q, hamma narsa harakat dinamikasiga bo'ysingan. Simfonizm musiqiy rivojlov tushunchasi sifatida Stravinskiy ijodida Chaykovskiyga nisbatan boshqa vositalar bilan erishiladi. Uning katta o'sishi sifat o'zgarishlari bilan emas balki son to'plamlari va musiqiy matoni kengayishi orqali sodir bo'ladi. Stravinskiy hissiyotlar rivojlov jarayoni emas balki alohida holatlarni ifoda etadi. Stravinskiy baletlarida nomer ketma ketlik epizodlarini tamoyilini saqlagan holda an'anaviy balet shakllarini ko'llamaydi. U syuita, ketma-ketlik: ansambl-solist-ansambl tamoyilidan ham vos kechadi. Yaratgan baletlari: "Jar ptitsa" (1910), "Petrushka" (1911), "Vesna svyashennaya" (1918), "Pulchinella" (1919), "Apolon Musaget" (1927), "Potseluy fei", "Igra v karti" (1937), "Orfey" (1947), "Agon" (1957) va Xoreografik kantata - "Svadebka"larni ko'rish mumkin.

Aram Ilich Xachaturyan baletni buyuk san'at inson hayoti uning ruhiy hissiyotlar olamini aks etishga qodir san'at turi deb bilgan va bu janrni sintetik tabiatini alohida belgilab o'tgan. Bu sintez nafaqat qo'shish jami balki musiqa raqs va teatrasosiy komponentlarining asl sof yaxlitligidir. Kompozitor xalq musiqasining asl obrazlarini ishlatgan holda garmonik polifonik orkesrtni simfonik rivoji vositalar bilan boy etgan.

Uning qalamiga mansub "Baxt"(1939), "Gayane"(1942) va "Spartak"(1954) baletlari qahramonona arman to'y raqslarining koloriti, xalq cholg'ularining xarakterli jarangini ifoda etadi. Kompozitor ohangning xarakterli usullarini qo'llab keladi (kuy asta sekin sekvent rivojlov harakati, improvizatsion bayon etish tavsifi, variantlik usullari). Milliy asosda balet musiqasining parda ohang va vazn usul tomonlari asoslanadi. Ko'pincha ritmik ostinato aksentlar almashuvi, taktning kuchli hissalari siljishi, aralash o'lchamlar, poliritmiya elementlari, ritmik variantligining shakl va usullari qo'llaniladi ("Kurdlar raqsi", "Gayane" baletidan qilichbozlar raqsi).

Agarda "Gayane" baletida lirik yo'nalishidagi janr sahnalar ko'p bo'lsa va ular xalq kuylariga asoslansa, "Spartak" o'zining xalq sahnalarini monumentalligi bilan qahramonona va fojiaviyligi bilan ajralib turadi. "Spartak" xoreografik simfoniyadir.

Xachaturyan ijodiga arman raqslari nihoyatda yaqin, aynan ularning musiqasiga kirib keldi.

Uning ijodida turli janr va shakl raqslari uchraydi. Bu-poetik, lirik raqslar; qahramonona botir energiya va o'tga to'la raqslar; zamonaviy va arxaik; motam va tantanovor; main va nafratli; salon va dehqonlar xalq raqslari bir Xachaturyan raqs musiqasining bir olami - "Maskarad"dan maftunkor lirik vals yoki "Gayane"dan o'tli qilichvozlar raqsi, boshqasida 2 - simfoniyasining birinchi qismidan "o'lim raqsi" yoki "Spartak"dan motamlik raqsi misol bo'la oladi.

Raqs boshchiligi Xachaturyan musiqasida sof holatda yokiqo'shiq kantilenasi,deklamatsionlik bilan bo'lgan bog'liqlikda beriladi. Ba'zida raqs ritmlari shakl tuzish rivojlov impulsiga aylansa (skripka va fortepiano uchun konsertlar) ba'zida "uzoqlashish" omili sifatida ishlatiladi (2 simfoniya, 2 epizodi raqsi). Kompozitor ijodida raqs yirik shakllar – kamer, simfonik, musiqiy sahnaviy elementi bo'lib qoldi. Teatrallikga bo'lgan moillik, raqsga muhabbat simfonist kompozitorni balet janriga murojaat qilishini belgilab berdi va u ijodining asosiy qismiga aylandi. Kompozitorni bu san'at janri haqida bildirgan fikrlar ma'lum. Baletlar ustuda ishlash jarayonida uning qiziqishlar doirasi va dunyo qarashi namoyon bo'lgan. Balet musiqasining eng yuksak namunasi sifatida kompozitorlar Chaykovskiy, Stravinskiy va Prokofyevni qayd etadi. Ular baletdagi yangi an'analar asoschilari bo'lib kompozitor uchun ijodiy tayanch ustunini tashkil etdi. Xachaturyan ko'p millatli balet, musiqiy

xoreografik san'at rivojida katta o'rin tutadi.
Kara Karayev ijodi davomidi ikkita balet "Sem krasavits"(1952) va "Tropoyu groma"(1958) eng ustivor hisoblanadi.

"Sem krasavits" poema baleti Nizomi syujetiga asoslanib yozilgan, uning umumiy kompozitsiyasini syuita tashkil etadi. Novatorlik harakatchan boshchilikni raqs tavsiflariga kiritilishi bilan belgilanadi. "Troporyu groma" P.Abrahams romani asosidagi uch aktli ijtimoiy drama. Zamonaviy afrika musiqiy hayotini yaratish maqsadida kompozitor folklorga murojaat qiladi Ibodat va marosim Afrika hayot turmushining ajralmas qismi o'rnida balet musiqasida yorqin ifodasini topdi. Shuningdek Afrika san'ati uchun xos bo'lgan janrlar sintezi aks etilib urma cholg'ularni raqs plastikasi bilan birlashuvida kuzatiladi. Milliy o'ziga xoslik belgilari partitura matnida katta urma guruhlar cholg'ularini – tamburin, tambur, tamtamlarni ishlatilishida ko'rinadi. Kompozitor afrikan lirik raqslarini ozerbayjon qo'shiqchi-ashuklarning badihalik san'atining o'ziga xoslik xususiyatlarini aks etdi. Kara Karayev syuitani shakl tuzish o'rnini kuchaytirdi. Uning ijodida Prokofyevning uslubi qadimgi goland burjua syuita raqslarida namoyon bo'ldi. Prokofyevni ta'siri shuningdek ritmda, kadans usulida, ayrim raqs epizodlarining xarakterida ilg'ab olish mumkin. Prokofev kabi kompozitor qahramonlarning turli holatlarini yorituvchi "tarkibli" portretlar yaratdi. Kompozitor keng hajmda leytmotivlarni ham qo'llab kelgan.

10.6. XX asr Yevropa simfonik musiqasi.

G'arb va Yevropa musiqa san'atida XX asrning birinchi yarimida G.Malerdan so'ng simfonik musiqa janriga qiziqish susayib borishi kuzatiladi. Simfoniya umumfalsafiy musiqa qatorida o'zining markaziy o'rni va mavqeini yo'qotib, 20-yillarga kelib katta, global g'oyaviy konsepsiyalarpni aks etuvchi janr sifatida e'tirof etilmay qoldi.
Bularni sababi bir nechta: 1) garmonik tafakkurida tonal

tizimidan voz kechib boshqa tovushtizim asoslarini paydo bo'lishi 2) burjua madaniyatining yangi badiiy oqimlari ko'zlagan maqsad simfoniya janr xususiyatlariga mos tushmagani 3) neoklassik va ekspressionistik estetika ta'sirida simfonik uslub asosini yo'qolishiga olib kelish va boshqalar.

Ammo XX asrning 30 yillarining ikkinchi yarmidan boshlab jamiyatda sodir bo'lgan katta voqeyliklar ta'sirida katta simfoniyani renessansi, ya'ni uning uyg'onish davri boshlanadi. Shostakovich, Myaskovskiy, Stravinskiy, Onegger, Hindemit va Xartman kabi buyuk kompozitorlar shu davrda yaratgan simfonik asarlari shular jumlasidan.

Konsepsion va muammoli simfonizm cho'qqilariga ko'tarilish 30-50 yillar mobaynida nig'oyat og'ir, to'sqinliklarga to'la yo'lni bosib o'tdi.

Sovet simfoniyasini shakl topishi janr tarixida yangi bosqichni belgilab berdi. U simfonik dramaturgiyasini yangicha turi va o'z navbatida yangi cholg'u uslublar (stillar)ni shakl topishi va rivojlanishiga asos bo'ldi.

Aynan simfoniya janrida Myaskovskiy, Shostakovich va ma'lum qismida Prokofyev kompozitorlik uslubi shakllandi.

Kompozitorlar bilan birga Ukraina, Belorussiya, Kavkaz, O'rta Osiyo va Pribaltika qardosh respublikalarida o'zini milliy ko'rinishga ega uslubi shakllanganligi haqida fikr yuritish mumkin.

Birinchi jahon urushidan so'ng G'arbiy Yevropa simfoniyasi stilistik yo'nalishlarning katta ta'sirini o'zida o'tkazdi. Birinchi navbatda bu neoklassitsizm va ekspressionizm oqimlariga taaluqlidir.

Neoklassitsizm katta simfoniya janridan cheklanishni taqazo etib, asosan kamer – konsert janrlarni, ba'zida faqat terminalogik jihatdan unga yaqin bo'lgan: orkestrli konsert va konsertinolar, yakkanavozlar ansambli uchun pyesalar va b kabi janrlarni rivojlanish yo'lini ochib berdi. Bu yo'nalishda dadil izlanishlar olib borildi va bir necha qiziqarli topilmalar yaratildi.

XX asr simfonizmga Ekspressionizmni ta'siri cholg'u musiqasidan emas balki ko'proq musiqiy teatr janrlari ta'sirida simfonizmni obraz dramaturi tizimini belgilashda rivoj topdi. Agar neoklassitsizm va ekspressionizm nafaqat simfoniyaning obraz tizimiga balki uning simfonik uslubi va va simfonik dramaturgiyaga sezilarli ravishda ta'sir o'tkazgan bo'lsada, varvarizm, fovizm, primitivizm va jaz kabi hodisalar ularni yo'nalishida ishlab chiqilgan ba'zi elementlarni qo'llanishi bilan cheklanib qoldi.

XX asr kamer – vokal musiqa janrida neofolklor oqimi o'zgacha rivoj etdi. XX asrni birinchi yarimida yaratilgan asarlar ko'pincha kamer musiqa kechalariga tashrif qilgan "nozik" tomoshabin uchun mo'ljallanib yozilgan. 30 yillarning ikkinchi yarimidan boshlab romans janriniga, aynan uni klassik an'analarga (bu kompozitorlarni klassik – shoirlar ijodiga murojaat qilganlari ta'siri deb ham tushinish mumkin) qiziqish uyg'onadi. Urush yillari kamer vokal musiqa sohasida uncha ko'p asarlar yaratilmadi. Barcha vokal janrlar ichida qo'shiq birinchi o'ringa chiqdi. Kamer asarlarni kamligiga qaramay ularda yangi, muhim belgilar qahramonona-patriotik (vatanparvarlik) mavzularda namoyon bo'ldi. Monumental - qahramonlik uslubiga intilishda kamerlikdan vos kechildi, shakllar kengayib, turkumiy kompozitsiyani tashkil qila boshladi.

Xulosa qilib aytganda XX asr kamer – vokal musiqaning rivoj yo'li bir yaxlit, organik, progressivligi bilan boshqa musiqa sohalardan farq qildi.

Tayanch so'z va iboralar: internatsional musiqa, neoklassitsizm, ekspressionizm, simfonik musiqa, kamer – vokal musiqa janri, balet musiqasi.

Mavzu bo'yicha savol va topshiriqlar
1. XX asr 20-40 yillarda dunyo estetik taraqiyoti hamda internatsional musiqa
xususida nimalarni bilasiz.
2. Neoklassitsizm va Ekspressionizm nima ?
3. Sergey Prokofyevning hayoti va ijodi haqida nimalarni

bilasiz?
4. Sergey Prokofyev ijodida balet san'ati.
5. Igor Stravinskiyning ijodiy faoliyati xususida so'zlab bering.
6. Aram Xachaturyan ijodi haqida so'zlab bering.
7. Kara Karayev ijodiy faoliyati.
8. XX asr Yevropa simfonik musiqasi haqida nimalarni bilasiz?

III BOB. O'ZBEK XALQ MUSIQA IJODIYOTI
11-mavzu. O'zbek xalqi musiqiy merosi
Reja:
1. Xalq musiqasining tasnifi.
2. Mehnat qo'shiqlari.
3. Marosim aytimlari
4. Erkin mavzuli aytimlar

Musiqiy folklor[17] xalq ozg'zaki badiiy ijodiyotning muhim qismini tashkil etadi. U mazmunan serko'lam ma'no kasb etgani holda xilma-xil shakl va tur (aytim, cholg'u kuy) larda namoyon bo'ladi. Uning namunalari esa dastlab iste'dodli shaxslar tomonidan yakka yoki jamoa ishtirokida yaratilib, so'ngra el orasida og'izdan-og'izga o'tib ommalashdi. Shu asnoda asrlar davomida shakllangan xalq qo'shiq-kuylari avloddan-avlodga og'zaki ravishda meros qolib, bizga qadar ijtimoyi ohang xotirasida saqlanib kelindi. Ammo, tabiiyki, bu jarayonda xalq ijodi namunalari ma'lum o'zgarishlarga ham uchragan, zero "og'zaki uzatish"da ishtirok etgan xalq vakillari o'z qobiliyatiga yarasha ularga sayqal bergan (yoki o'z ijroviy imkoniyatlariga moslashtirgan) va shu tariqa musiqiy folklorning xilma-xil ko'rinishlari yuzaga kelgan. Musiqiy folklorga xos bo'lgan bu kabi o'zgarishlar beqaror (variant)lik qonuniyatini kasb etadi. O'z navbatida, xalq

---

[17] "Folklor" so'zi inglizcha bo'lib, folk – xalq, lor – donishmandlik, bilimdonlik ma'nolarini anglatadi. Bizda "folklor" atamasi "xalq og'zaki ijodi" o'rnida ham qo'llaniladi.

musiqa ijodining variantliligi yana bir asos – barqaror (invariant)lik an'anasi bilan chambarchas bog'liqdir. Zotan, musiqiy folklore doirasida har qanday o'zgarishlar muqim an'analar asosida amalga oshiriladi.

11.1. Xalq musiqasining tasnifi.

Xilma-xil musiqiy folklor namunalari xalq hayotida tutayotgan o'rni va bajarayotgan vazifalariga muvofiq holda quyidagi ikki guruhga taqsim etiladi:

I. Ijro etilishi turli vaziyatlar bilan shartlangan qo'shiqlar;
II. "Erkin mavzuli" qo'shiqlar.

Birinchi guruh musiqiy folklor namunalarini muayyan vaziyatlar bilan bevosita bog'langan mehnat jarayoni, mavsum va oilaviy marosim kuy-aytimlari tashkil etadi. Demak, bu guruh namunalari har biri uchun muvofiq vaziyat yoki shart-sharoitlar yuzaga kelganda ijro etilish ko'zda tutiladi. Masalan, «Alla» aytimi chaqaloqni (beshik) uxlatish vaziyati bilan bog'liq holda yuzaga kelsa, «Yor-yor» aytimi nikoh to'yida kelinni "uzatib" borish vaqtida kuylanadi va h.k.

Erkin mavzuli kuy-qo'shiqlar guruhini qo'shiq, terma, lapar, yalla kabi janrlar tashkil etadi. Bu aytimlar I guruh, ya'ni ma'lum vaziyat va sharoit kuyqo'shiqlaridan farqli o'laroq turli vaziyat va davralarda kuylanishi mumkin. Ularning ohanglarida kuychanlik xususiyati ortadi, she'riy mazmuni esa ijro vaziyatlariga bevosita bog'liq bo'lmay, ma'lum mavzu erkinligiga egadir. Masalan, «faqat qo'shiq janrining o'zi mazmunan ishqiy temada, satiric yo'nalishda, tarixiy temada, sosial mazmunida bo'lishi mumkin»[18]. Erkin mavzuli kuy-qo'shiqlarda ijrochilikning yakkaxon va jamoa turlari, shuningdek, jo'rnavoz cholg'ular qatorida doyra, do'mbira, dutor, rubob va boshqa sozlar qo'llanishi odatiydir.

11.2. Mehnat qo'shiqlari.

---

[18] O'zbek xalqi muzika merosi XX asrda. I-kitob – Toshkent. G'afur G'ulom nomidagi Adabiyot va san'at nashriyoti, 1978.– B.6.

O'zbek xalq og'zaki ijodining qadimiy namunalaridan birini tashkil etgan mehnat qo'shiqlari inson faoliyatining turli jabhalari (masalan, yer haydash, tegirmon yanchish, ip yigirish va h.k)da ijod etilgan. Bajarilayotgan mehnat turiga ko'ra bu aytimlarni uch guruhga bo'lish mumkin:
1. chorvadorlik qo'shiqlari;
2. dehqonchilik qo'shiqlari;
3. hunarmandchilik qo'shiqlari.

Mehnat jarayonini bir maromda uyushqoqlik bilan bajarishga ko'mak bo'lgan hamda mehnatchi qalbiga ko'tarinkilik kayfiyatini bag'ishlab, unga "ruhiy dalda" bo'lib xizmat qilgan mazkur qo'shiqlar quyidagi xususiyatlari bilan tavsiflanadi:
a) bu kabi aytimlarda mehnat mazmuniga bog'liq she'riy to'rtliklar kichik ovoz (kvarta, goho – kvinta) doirasida bo'lgan nutqdosh va so'zdosh ohanglar ustuvorligida ifodalanadi;
b) shakliy tuzilmalarining yuzaga kelishida "yettilik" bo'g'in-ritmi yetakchi o'rin tutadi;
c) she'riy bandlari oldidan yoki ulardan so'ng mustaqil naqarotlar deyarli qo'llanilmaydi, ammo band misralariga ulanib keluvchi maxsus takroriy so'ziboralar (masalan, xo'sh-xo'sh, turey-turey, mayda-mayda va h.q.) qo'llanishi pirovardida o'ziga xos kichik naqarotlar yuzaga keladi;
d) asosan yakka ijroni taqozo etuvchi bu qo'shiqlarda jo'rnavozlik vazifasini bajaruvchi musiqiy cholg'ular qo'llanilmaydi.

Chorvadorlik qo'shiqlari aholining chorvachilik bilan bog'liq turmush tarzi va mehnat jarayonida shakllangan. Ularning bizgacha yetib kelgan namunalari asosan «sog'im qo'shiqlaridan» iborat, ya'ni bu aytimlar sigir, biya, tuya, echki kabi uy hayvonlarini sog'ish paytida kuylanadi. Sog'im qo'shiqlarining turli xillari va shunga muvofiq nomlari mavjud. Masalan, qora molni sog'ishda «Xo'sh-xo'sh», qo'y-echkilarni sog'ishda «Turey-turey», «Churey-churey» kabi maxsus qo'shiqlar aytiladi. Mazkur nomlar esa shu aytimlarda naqarot singari takror bo'luvchi so'zlardan olingan bo'lib, sog'ilayotgan jonivorni tinchlantirish, erkalatish, iydirish kabi maqsadlarda qo'llaniladi.

Dehqonchilik qo'shiqlari dehqonchilik mehnatining turli faoliyatlari bilan bog'liq holda ijod etilgan. Jumladan, yer haydash paytida «Qo'sh haydash», xosilni o'rib olishda «O'rim qo'shig'i», xirmon yanchig'ida esa «Xo'p mayda» yoki «Mayda, mayda» qo'shiqlari aytilgan.

«Qo'sh haydash» aytimiga xos aksariyat badiiy jihatlar xirmonda bug'doy doni yoki arpa poyalarini yanchish vaqtida kuylanuvchi «Ho'p hayda» (yoki «Mayda, mayda», «Ho'p mayda») qo'shiqlarida ham namoyon bo'ladi. Hunarmandchilik qo'shiqlarining salmoqli qismini charhda ip yigirish, shuningdek, xotin-qizlar ijodiga mansub gilam to'qish, do'ppi tikish kabi mehnat vaziyatlari bilan bog'liq aytimlar tashkil etadi. Bizga qadar yetib kelgan hunarmandchilik aytimlari turli tarixiy davrlarga taalluqli badiiy unsurlarni namoyon etadi. Chunonchi, nisbatan ko'hna namunalari mavzu jihatdan mehnat vaziyatiga bevosita bog'langanligi, kuy-ohanglari yuqorida ko'rib o'tilgan mehnat aytimlari sadolariga yaqinligi hamda yettilik bo'g'in-ritmining ustuvorligi bilan tavsiflanadi. Shunga oid misolni ip yigirishda aytilgan "Urchuq" namunasida ko'ramiz. Mazkur aytim yondosh pog'onalardan tarkib topgan "kichik uchlik" shaklidagi oddiy ohang tuzilmasi negizida yangraydi. Hunarmandchilik qo'shiqlarida mehnat aytimlari uchun yangi bo'lgan ayrim badiiy jihatlarni ham kuzatish mumkin. Xotin-qizlar charx yigirish, gilam to'qish, do'ppi tikish singari davomli mehnatni bajarar ekanlar, ba'zan beixtiyor shaxsiy hayotlari bilan bog'liq turli ruhiy holatlarini, ichki kechinma va dardlarini aytim orqali "yoza" boshlaydilar. Shu tariqa mehnat mavzui bilan boshlangan aytim mazmunida goho "dil yozdi" ohanglar ham namoyon bo'la boshlaydi. Bunda yettilik tuzilmasiga yangi (mungli) sifat bilan yo'g'rilgan to'lqinsimon kuyohanglari ulanib kelishi kuzatiladi.

11.3. Marosim aytimlari.

O'zbek xalqining uzun o'tmishi davomida turli fasl (mavsum)larga oid ko'plab qo'shiqlar ijod etilgan. Ularning eng ko'p va e'tiborli namunalari esa go'zal bahor fasliga bog'liqdir. Xususan, «Boychekak», «Laylak keldi», «Qaldirg'och», «Chittigul», «Oq terakmi, ko'k terak» kabi hozirda ma'lum o'yinqo'shiqlar shular jumlasini tashkil etadi. Yana bir qator mavsumiy marosim (jumladan, Sust xotin, Shoxmoylar va b.) aytimlari esa hozirda folkloretnografik ansambllari tomonidan qayta tiklanib, "sahnaviy" ko'rinishlarda ijro etila boshlandi. Shuni ham aytish kerakki, garchand u yoki bu marosim endilikda ijtimoiy ahamiyatini yo'qotgan bo'lsa-da, ammo ularda qo'llangan aytimlar xalqimiz badiiy tafakkuri rivojida sezilarli iz qoldirgan. Shu o'rinda mavsumiy marosim aytimlariga xos ayrim jihatlarni takidlab o'tish joizdir. Xususan, ularda:
I) nisbatan keng xajmli va yangi sifatli ohang tuzilmalari namoyon bo'ladi;
II) qo'shiqchilikning yakkaxon va jamoaviy aytish shakllari keng tus oladi;
III) band-naqarot hamda aytishuv shakllari keng qo'llaniladi.
Mavsumiy marosim aytimlarida erishilgan muhim jihatlardan birini yangi sifatli kuy-ohanglari tashkil etadi. «Yangi sifat» mazmunida sakrama ohanglar tushunilib, ularning kelib chiqishi bahor mavsumi va undagi asosiy sana – Navro'zni daraklash mazmuni bilan bog'liq holda yuzaga kelgan.
Bahor fasliga oid aytimlarda ba'zan jarchi ohanglarning mehnat (dehqonchilik) qo'shiqlariga xos ohanglarga payvasta bo'lishini ham ko'rish mumkin. Bu hol bejiz emas, chunki bahor fasli yerga amal kirishi (ya'ni, mehnatning boshlanish) vaqtini ham daraklaydi. Dehqonlar yer haydash ishlarini Navro'z bayramiga taqab boshlaganlar. Bu mehnatning debochasida "Qo'sh chiqarish" (yoki "Shoxmoylar")

marosimi oʻtkazilgan. Bunda "qishloq ahli yigʻilishib, eng yaxshi hoʻqizlardan biri juftini omochu boʻyinturugʻi bilan dalaga olib chiqishardi. Bu yil moʻl-koʻlchilikda yashaylik, serobchilik boʻlsin, oyogʻing tekkan joyga baraka bersin" – deb Navroʻzga atab pishirilgan boʻgʻirsoq yogʻi bilan hoʻqizlarning shoxlarini moylashgan. Sumalak pishirish uchun undirilgan maysadan ozginasini hoʻqizga yedirishgan. Qishloq keksalaridan biri Bobo Dehqon boʻlib, dalada birinchi boʻlib qoʻsh soladi"38. Ushbu marosim paytida ishtirokchilar tomonidan maxsus aytib turilgan qoʻshiqda, bir tomondan, dehqonchilik aytimlariga xos xususiyatlar sezilsa, ikkinchi tomondan – koʻproq marosim aytimlariga taalluqli yakka-jamoa ijrochiligi, kuy asosida esa darakchi ohang sakramalari namoyon boʻldi.

Shuni aytish kerakki, darakchi ohang tuzilmalari bizgacha asosan bolalar folklori tarkibida yetib kelgan "Boychechak", "Tomdan tarasha tushdi", "Quyonim", "Zuv-zuv boragʻay", "Oftob chiqdi", "Chitti gul", "Chuchvara qaynaydi", "Oshxoʻr akam" kabi koʻplab oʻyin-aytimlarda muhim oʻrin tutadi (OʻXM. III tom, 455-478 b.).

Shuningdek, "Lola sayli" davomida aytilgan lola guli haqidagi qoʻshiqlarda ham darakchi ohanglar ta'siri sezilarlidir. Ushbu sayilning debochasida mahalliy xalq bir maydonga yigʻilishib, yigit-qizlarni lola terimiga kuzatganlar. Lola terimchilari qir-adirlarga sayir qilib, quchoq-quchoq lolalar terishgan. Soʻngra terimchilarni belgilangan maydonda mahalliy aholi tomonidan tantanavor kutib olish bayram marosimi oʻtkazilgan. Bunda oʻyin-raqslarga tushilgan yoshlik, goʻzallik va sevgi ramzi boʻlgan lola maxsus aytimlarda vasf etilgan.

Insonning hayotiy yoʻli bilan bogʻliq muhim sana va voqealar har bir xalqda oʻziga xos tarzda urf-odat yoki marosimlar bilan nishonlanib turilishi an'anaga aylangan. Ana shunday an'analar sarasini oilaviy sharoitda oʻtkazilgan marosimlar tashkil etadi. Xususan, oʻzbek xalqi hayoti davomida unga beshik toʻyi, muchal toʻyi, xatna (sunnat) to'yi, nikoh to'yi kabi marosimlar yo'ldosh bo'lib keladi. Yor-yor qo'shig'i kelinni kuyovnikiga uzatib borish jarayonida ayollar tomonidan ijro etiladi[19]. Uni aytish vaziyati esa qizning ota uyi, yaqin qarindoshurug'lari, oila a'zolari bilan xayrlashuvidan boshlanib, to kuyov xonadoniga yetgunga qadar davom etadi. Garchand "Yor-yor"ni kelin kuylamasa-da, biroq aslida bu aytim uning umumlashma siymosiga bevosita daxldordir. Uning mazmunida ayollar kelinni ovutgan bo'lishib ("Yig'lama qiz, to'y seniki, Ostonasi tillodan, uy senniki"), pand-nasihatlar qilishadi, qizning otasiga «ta'na» so'zlari ham aytgan bo'lishadi ("O'z qizini tanimay sotgan otam yor-yor") va h.k. Ammo "Yor-yor"larning favqulotda ta'sirli ekanligi ularda bir vaqtning o'zida ikki turli holat – ham mungli yig'i, ham shodlik kayfiyatlari mujassam etilganligi bilan tavsiflanadi. Yig'ining badiiy in'ikosi aytim kuy-ohanglarida, ommaviy shodlik holati esa doyra usulida zuhur etadi.

Xususan, xalqimiz orasida «Toshkent yor-yori» nomi bilan mashhur aytim kuyi aslida yig'i (quyi oqim) ohangidan unib chiqadi. (O'XM, Pt.,231 b.). Shu bilan birga qo'shiqning doyra usuli raqsbop va tantanavordir.

Nikoh to'yi marosimida an'anaviy ijro etib kelinadigan qo'shiqlaridan yana biri "Kelin salomi"dir. Ushbu qo'shiqni aytish vaziyati kelinni kuyov xonadoniga qadam qo'yishi bilan yuzaga kelib[20], bunda kuyovning ota-onasiga, qarindoshurug'lariga va qo'ni-qo'shnilariga kelin nomidan ma'lum kuy-ohanglarida salom aytib turiladi, kelin esa "egilish" orqali salomini bildirib turadi. "Kelin salom"larda hazil-mutoyibali, goho payrovli so'z-iboralarga boy she'riy bandlar qo'llanilib, bunda har bir band "salom" aytish bilan

---

[19] Ba'zi joylarda, masalan, Farg'ona an'anasida, Yor-yorlarni kuyov jo'ralari ham ijro etishadi.
[20] Ayrim mahalliy an'analarda, jumladan, Toshkent an'anasida "Kelin salomi" nikoh to'yining ertasi kuni o'tkazilib, "salomlar", odatda, kuy-ohanglarisiz o'qiladi.

yakunlanadi.
11.4. Erkin mavzuli aytimlar.

Qo'shiq atamasi keng ma'noda so'z bilan kuyning o'zaro birlashishi, qo'shilishi (boshqacha aytganda – umuman ovoz bilan kuylash)ni anglatsa, tor ma'noda – qo'sh qofiya bilan boshlanuvchi (ya'ni dastlabki misralari qofiyadosh bo'lgan) muayyan aytim janrini ifodalaydi. An'anaviy xalq qo'shiqlarining qo'sh qofiya shaklida kelishi eng avvalo dastlabki she'r to'rtligi va uning misralariga taalluqligini alohida ta'kidlash kerak. Shunga ko'ra dastlabki she'riy misralar to'rtligi aaba, aabb yoki aaaa bo'lib kelishi, keyingi to'rtliklarda esa bu tartib saqlanmay, (masalan, abab, abaa, abbb va h.k. tarzda) o'zgarib turishi mumkin. Demak, qo'shiqqa – dastlabki ikki misrasi qofiyadosh bo'lgan hamda barmoq vaznli (aksariyat 7 yoki 8 hijoli) she'rlar asosida kuylanadigan band shaklli aytimdir, deya ta'rif beramiz.

Qo'shiq bandi, odatda, to'rt she'riy misra va ularni kuylashga asos bo'lgan nisbiy tugal kuy-ohanglari birikmasidan iborat bo'ladi. Buda qo'shiqning qofiyadosh misralar bilan boshlanish xususiyati kuy-ohanglarida ham o'ziga xos aks etadi. Chunonchi, kuy-ohanglarining dastlabki ikki tuzilmasi har jihatidan o'zaro yaqin yoki o'xshash bo'lgani holda, uchinchi tuzilma nisbiy noturg'unligi, tayanch pardadan "uzoqlashib", ko'rtarilma harakatlarni namoyon etishi bilan ajralib turadi. So'nggi (to'rtinchi) tuzilma esa tayanch pardaga intilishi hamda uni mustahkamlashi, tasdiqlashi bilan tugallov hissini tug'diradi. Shu tarzda tuzilgan aksariyat xalq qo'shiqlari aaba shaklida qofiyalangan she'r to'rtligiga aynan uyg'undir.

Terma – aytimning bir turi bo'lib, lug'aviy jihatdan «yig'moq», «tanlamoq», «saralab olmoq» ma'nolarini anglatadi. Termalar ikki asosiy ko'rinishda hozir bo'ladi:

1) Baxshi (shoir, dostonchi) termalari[21];
2) Xalq termalari.

Baxshilar termasi, odatda, biron-bir doston ijrosidan oldin aytiladi. Bunda baxshi she'riy to'rtliklar asosida o'z "bisotida" (repertuarida) bor dostonlarni qisqacha ta'riflab kuylaydi va shu tariqa tinglovchiga «Nima aytay?» deb murojaat etgan bo'ladi. Shu maqsadda aytilgan termalar «Qay dostondin aytayin?» nomi bilan yuritiladi. Baxshi termalarida «Do'mbiram», «Kunlarim» nomli aytimlar ham bo'lib, ularda do'mbira cholg'usi, dostonlarning qahramonlari (Alpomish, Avazxon va b.) va ularning mardonavor otlari, shuningdek, baxshilarning hayot yo'li mavzu sifatida tilga olinadi. So'zdosh ohanglar bilan (kvarta-kvinta doirasida) aytiladigan ushbu termalarning ritmo'lchovlari, odatda, muayyan turg'unlikka ega emas, chunki ma'lum turoq bilan boshlangan dastlabki she'riy to'rtlik keyingi bandlarda o'zgarib turadi. Bu hol aytim misralarida ham o'z aksini topadi. Chunonchi, "Do'mbiram" nomli terma avvaliga 8 hijoli misralar bilan "o'qilsa", keyingi bandlar davomida 2 hijoli vazn yuzaga keladi. Shu tariqa aytim misralari ham kengayib, turli variant ko'rinishlarni namoyon etadi.

Xalq termalari ma'lum qadar o'zgacha. Jumladan, bunday namunalar muqim vazn o'lchovi, so'zdosh va kuychan ohanglar mushtarakligi hamda do'mbira o'rnida ko'proq doyra qo'llanilishi bilan baxshi termalaridan farq etadi. Shuningdek, aytim bandlarida goho naqarot alomatlari ham yuzaga keladi. Shunga oid misolni «Yor, muncha zor etding meni» termasida ko'rish mumkin. Jumladan, tarjimai hol va ishq-muhabbat mavzulari payvasta etilgan bu terma har bir bandining so'nggi ikki misrasi muntazam takrorlanib turishi natijasida o'zgacha naqarot ahamiyatini yuzaga keltiradi.

---

[21] Qarang: Karomatov F.M. O'zbek xalqi muzika merosi XX asrda. II-kitob. – Toshkent. G'afur G'ulom nomidagi Adabiyot va san'at nashriyoti, 1985. – 207 b.

Lapar atamasi, taxminga ko'ra, ikki so'z (la-par) birikmasidan xosil bo'lgan: "par" – juft, ikki kishi 42 ma'nosida, ko'makdosh yasovchi "la" esa "aytmoq" (aytish) fe'li o'rnida (masalan, "kuy-la", "so'z-la" kabi) keladi. Demak, lapar deganda ikki kishi aytishuvi nazarda tutiladi. Odatda yigit va qiz o'rtasida lapar-aytishuvlari o'tkazilgan. Bunday vaziyat esa ko'proq an'anaviy nikoh to'yi marosimlarida, qiz oshi bazmida yuzaga kelgan. Bunda «qizlar va yigitlar tomonidan ikki kishi sal oldinga chiqib lapar aytishadi. Lapar bilan qiz va yigitlar bir-birlariga muhabbat izhor etib, tanishgan va ahdi-paymon qilishgan. O'z yurak dardini musiqasiz (ya'ni, jo'rsozsiz – O.I.) ma'lum ohangda ashula qilib aytishgan. Bordi-yu lapar aytayotgan yigit va qiz bir-birini yoqtirib qolsa, lapar aytib turib bir-biriga sovg'a berishgan».

Laparlarda sevgi-muhabbat yetakchi mavzu bo'lishi bilan birga yana yengil hazil, nozik piching va boshqa mazmundagi she'rlar ham tarannum etiladi. Odatda, laparlarning voqeband she'rlarida naqarotlar bo'lmaydi, balki ijrochilarning navbatma-navbat kuylashlari asosida ularning "savol-javob" shakli yuzaga keladi.

Laparlarda raqsbop doyra usullari ham tez-tez qo'llanib turiladiki, bu hol goho laparchilarning navbatma-navbat raqsga tushib kuylashlariga sabab bo'ladi.

Yalla – ko'p xususiyatlari, jumladan, raqsning qo'llanishi, ijroda ko'pchilikning ishtirok etishi kabi jihatlari bilan laparga yaqin bo'lgan janrdir. Ammo laparda eng avvalo aytishuvlik sifati muhim bo'lgani holda, yallada badiiy so'z (she'riyat) kuy va raqsning mushtarakligi nisbatan barqarordir. Shu boisdan yallaga «raqsiy aytim» (Karomatov F.), ya'ni raqs bilan kuylanadigan aytim iborasi qo'llanib turiladi. Ushbu holat «yalla» atamasida ham ma'lum aks etgan. Chunonchi, xalq og'zaki ijodida «yalla» so'z «o'ynab-kulish», «o'ynab-kuylash» va umuman, xushvaqt bo'lishlik ma'nolarida qo'llaniladi. Shundan kelib chiqqan holda "yalla" so'zini "o'ynab-kuyla" ma'nosining qisqartma "yal-

la" birikmasidagi ifodasidir, deb taxmin qilish mumkin44. Yallalar, lapardan farqli o'laroq, naqarotli band shaklida bo'ladi. Bunda yakkaxon (yallachi) doyra, dutor yoki cholg'u ansambli jo'rligida raqsga tushib bandlarni kuylasa, naqarotni ko'pchilik (naqarotchilar) aytadi. Demak, yakkaxon (yallachi) va ko'pchilik (naqarotchilar) yallaning band-naqarot (yoki naqarot-band) shakliga monand holda navbatmanavbat kuylashadi. Yallaning "o'ynab-kuylash" xususiyati uning so'z (she'r) va kuy (musiqa) asoslarida o'ziga xos aks etadi. Jumladan, barmoq vaznli she'rlari asosan yengil hazil-mutoyiba bilan yo'g'rilgan sevgi mavzularida bo'lib, naqarotlarida esa ko'pincha o'ynab-kulishga, xush kayfiyat bo'lishga da'vat etuvchi «yalla» so'zi hamda uning «yallo», «yalli» kabi ma'nodoshlari ishlatiladi:
Yallama yorim, yallola,
Yallolashaylik, bedodlashaylik (va h.k.)
Ba'zan «yalla» o'rnida «o'yin», «o'ynasin», «aylansin», «o'rgilay», «tarallo», «xoralli» kabi so'z-iboralar ham ishlatiladi.
Yallaning bir turi sifatida kuy-ohanglari bir qadar kengroq doira qamrovida rivojlangan namunalarini aytish mumkin. Tabiiyki, yakkaxon (yallachi)dan keng nafas talab etuvchi bu kabi yallalarni bir vaqtda ham kuylab, ham raqsga tushish mushkuldir. Shu boisdan bunday ko'rinishga ega katta yallalar ijrosida yakkaxon-yallachi va naqarotchilar guruhi qatorida alohida raqqos-o'yinchi ham ishtirok etadi. «Lalalum», «Keldim», «Yallo-yallo» kabi yallalar shular jumlasini tashkil etadi.

Tayanch so'z va iboralar: Folklor, terma, lapar, yalla, yor-yor, marosim aytimlari, baxshi termalari, xalq termalari.
      Mavzu bo'yicha savol va topshiriqlar
1. O'zbek xalq musiqasi xususida nimalarni bilasiz?
2. Folklor atamasiga ta'rif bering.

3. Musiqa folklori deganda nimani tushunasiz?
4. Mehnat qo'shiqlari haqida nimalarni ayta olasiz.
5. Chorvadorlik qo'shiqlari haqida gapirib bering.
6. Dehqonchilik qo'shiqlari haqida so'zlab bering
7. Hunarmandchilik qo'shiqlariga misollar keltiring.
8. Marosim aytimlari haqida nimalarni bilasiz.
9. Yor-yor qo'shiqlari haqida gapirib bering.
10. Erkin mavzuli aytimlar deganda qanday qo'shiqlarni tushunasiz.
11. Qo'shiqqa ta'rif bering.
12. Terma deganda nimani tushunasiz?
13. Lapar deganda nimani tushunasiz?
14. Yalla deganda nimana tushunasiz?

12-мavzu. O'zbek kasbiy musiqa janrlari.
Reja:
1. Baxshilar san'ati.
2. Katta ashula.
3. Maqom san'ati.

O'zbek xalqining boy ma'naviy merosi musiqiy folklor qatlami qatorida kasbiy (ustozona) musiqa namunalarida ham badiiy barkamol ifodalangan. Zero, xalq musiqasi negizida unib-o'sgan va bizgacha "ustoz-shogird" ta'lim an'anasi vositasida yetib kelgan kasbiy musiqa durdonalarida ulug' ajdodlarimizning teran ruhiy olami, falsafiy o'y-

mushohadalari, hakimona dunyoqarashlari badiiy mukammal in'ikos etilgandir.
O'zbek kasbiy musiqa san'ati o'zining ko'p asrlik tarixiga ega. Mutaxassislarning fikriga ko'ra, kasbiy musiqaning ilk shakllanishida dastlab "saroy madaniyati" muhim o'rin tutgan bo'lib, bunda xalq orasidan yetishib chiqqan iste'dodlar xon saroylariga musiqachi bo'lib xizmat qilish uchun jalb etilganlar. Demak, o'tmishda musiqa san'ati bilan maxsus shug'ullanib, shu tarzda hayot kechiruvchi bastakor, kasbiy cholg'uchi va xonandalar yuzaga kelgan davrlardan boshlab kasbiy musiqa janrlari – rivojlangan ashula, katta ashula, suvora, doston, maqom, yovvoyi maqom, yirik hajmli cholg'u kuy yo'llari ham qaror topa boshlagan edi.

Bu namunalar o'zining qator sifatlari, xususan:
a) nisbatan murakkab ko'rinishdagi shaklu-shamoyili;
b) keng nafasli va rivojlangan kuy-ohanglari;
v) aytim yo'llari asosan aruz vaznidagi mumtoz she'riyatga bog'langanligi;
g) ijrochilik uchun "ustoz-shogird" an'anaviy maktabida xosil etilgan kasbiy malakalarning bo'lishi kabilar bilan musiqiy folklordan ajralib turadi.

12.1. Baxshilar san'ati.

Xalqimizning sevimli asarlari bo'lgan "Alpomish", "Go'ro'g'li", "Kuntug'mish" kabi dostonlarning ijodkori va ijrochilari baxshi nomi bilan yuritiladi. Baxshilar san'atida so'z ustasi, qo'shiq kuylovchisi va soz (qo'biz yoki do'mbira) cholg'uchisi birlashgan bo'lib, bunda ular dostonlarning nasriy qismlarini mahorat bilan badiiy so'zlab hikoya etsalar, she'riy bo'laklarini maxsus aytim shaklida ichki (maxsus "bo'g'iq") ovoz bilan kuylaydilar va bunda qo'biz yoki do'mbira cholg'usidan jo'rnavoz sifatida foydalanadilar.

Dostonlarni ichki ovozda kuylash odati qadimgi an'ana bo'lib, bunday tarzda kuylash uchun zarur ijroviy malakalar "ustoz-shogird" maktabida xosil etilgan. Bu shunday maktabki, unda baxshi bo'lish istagidagi talabgor ustoz–baxshiga o'quvchi–shogird tushadi. Shundan so'ng u ko'p yillar (5-10 yil) davomida ovozda kuylash, do'mbira chertish kabi ijrochilik mahoratlarini o'rganish bilan birga yana "Alpomish", "Avazxon", "Go'ro'g'li" kabi dostonlarni ham yod oladi, ularni aytib berish uslublarini o'rganadi.

Hozirgi kunga qadar "ichki ovozda" kuylash uslubi Surxondaryo, Qashqadaryo, Buxoro-Samarqand va Toshkent-Farg'ona dostonchilik maktablarida o'z kuchini saqlab kelmoqda.

Surxondaryo-Qashqadaryo musiqa uslubida dostonchilikning ikki yirik markazi – Shaxrisabz va Sherobod dostonchilik maktablari vujudga kelgan. Abdulla Nurali o'g'li va Islom o'g'li kabi shoirlar Shaxrisabz dostonchilik maktabining yirik namoyandalari bo'lsa, Shernazar Beknazar o'g'li, Mardonqul Avliyoqul o'g'li, Umar Safar o'g'li, Normurod baxshilar esa Sherobod dostonchilik maktabining mashhur vakillaridir.

Buxoro-Samarqand dostonchilik an'analari asosan viloyat tumanlarida qaror topgan bo'lib, ular Bulung'ur, Qo'rg'on, Narpay va Nurota dostonchilik maktablarini o'z ichiga oladi. Shulardan Bulung'ur va Qo'rg'on dostonchilik maktablari mashhurroqdir. Bulung'ur dostonchilik maktabida "Alpomish", "Yodgor", "Yusuf bilan Ahmad", "Rustamxon", "Go'ro'g'lining tug'ilishi", "Jahongir" kabi qahramonlik dostonlari yetakchi o'rin tutadi. Jo'rnavoz soz sifatida do'mbira sozi qo'llaniladi. Bu cholg'uning ma'lum qadar «bo'g'iq» sadolari baxshilarning «ichki» ovozda kuylash uslubiga hamohangdir. Amin baxshi, Chini shoir, Tovbuzar shoir, Qurbonbek shoir, Yo'ldosh bulbul, Yo'ldosh shoir, Qo'ldosh Suyar kabi baxshilarni Bulung'ur maktabining o'tmishdagi yirik namoyandalari qatorida qayd etish mumkin. Qo'rg'on dostonchilik maktabining yorqin vakillari qatorida Yodgor, Lafaz, Mulla Tosh, Mulla

Xolmurod, Jumanbulbul kabi baxshilarni tilga olish mumkin. Xususan, Xorazm dostonchilik maktabi boshqa mahalliy dostonchilik maktablaridan (masalan, Surxondaryo-Qashqadaryo dostonchilik an'analaridan) farqli jihatlarga ega. Bu farqlar, asosan, quyidagilardan iborat:

a) Xorazm dostonlari (ichki) "bo'g'iq ovoz"da emas, balki "ochiq ovoz" uslubida kuychan xususiyatlar bilan aytiladi.

b) Ko'pgina mahalliy dostonchilik maktablarida do'mbira sozi jo'rnavoz sifatida qo'llansa, Xorazm dostonchiligida "pang ovoz" uslubiga monand holda dutordan foydalaniladi. Shuningdek, so'nggi yillarda baxshi aytimiga jo'rnavoz sifatida ansambl ham ishtirok etmoqda. Bunda ustoz – baxshi dutor (hozirda esa, tor yoki rubob)da, qolganlar esa g'ijjak, bulamon va ba'zan doyra cholg'ularida jo'rnavozlik qilib turishadi.

c) Xorazm dostonlari repertuarini, asosan, "Oshiq G'arib va Shoxsanam", "Go'ro'g'li", "Kuntug'mish", "Bozirgon", "Oshiq Oydin" kabi dostonlar tashkil etadi.

Xorazm dostonchiligining yirik vakillari qatorida Ahmad baxshi, Bola baxshi, Ro'zimbek Murodov, Qalandar baxshilar nomini aytish kerak.

12.2. Katta ashula.

Katta ashula – hajman yirik, kuy-ohanglari keng nafasga mo'ljallangan ashula bo'lib, yakka hofiz (xonanda) yoki 2-4 hamnafas hofizlar tomonidan aytiladi. Bunda jo'rnavoz cholg'ular qo'llanilmaydi. Katta ashulalarning nazmiy asoslarini Lutfiy, Sakkokiy, Navoiy, Muqimiy, Furqat, Miskin, Habibiy kabi mumtoz shoirlarning aruz vaznida bitilgan hikmatli, ishqiy-muhabbat, pandnasihat, mehnat mavzularidagi g'azal namunalari tashkil etadi. Bu turdagi ashulalar rivojlangan,keng nafasli (bir yarim, ikki va undan ortiq) ovozga mo'ljallangan kuylarga ega bo'lib, odatda, erkin uslub asosida aytiladi. Mazkur janrning «patnisaki ashula», «likobiy ashula» singari boshqacha nomlanishlari ham ma'lumki, zero hofizlar ijro paytida qo'llarida patnis yoki likob ushlab turadilar.

Boltaboy hofiz, Hamroqulqori, Mamatbuva Sattorov, Akbarqori Haydarov, Erkaqori Karimov, Jo'raxon Sultonov, Ma'murjon Uzoqov kabi hofizlar mazkur janrning mahoratli ijrochilari edilar. Bu san'atkorlar kuylagan «Ko'p erdi», «Bir kelsun», «Ey dilbari jononim», «Adashganman», «Do'stlar» singari katta ashulalar keng tinglovchilar ommasiga yaxshi ma'lumdir.

Keyingi yillarda ayrim katta ashulalarni cholg'ular jo'rsozligida ijro etish amaliyoti ham qo'llana boshlandi. Bunga "Mehnat ahli", "Ey, dilbari jononim", "O'zbekiston" kabi katta ashulalarni misol keltirish mumkin. Shuningdek, katta ashulalarni alohida cholg'uda (masalan, nayda) ijro etish an'anasi ham yuzaga keldi. Bu o'rinda Ismoil naychi, Abduqodir naychi va Saidjon Kalonovlardek ustoz san'atkorlarning xizmatlari katta bo'lgan.

12.3. Maqom san'ati.

Maqom san'ati o'zining ko'p asrlik tarixiga ega. Mutaxassislarning fikriga ko'ra, maqom kuylarining ibtidoiy shakllari eramizdan avvalgi uzoq davrlar musiqa madaniyatiga borib taqaladi. Bunda xalq musiqasining ko'hna kuyohanglari ham murakkab maqom san'atining shakllanishiga ta'sir ko'rsatganligi e'tirof qilinadi. Ammo maqomlarni ayni ma'nodagi xalq musiqa ijodi tarzida idroklash ham to'g'ri bo'lmaydi. Zero, bu turdagi musiqa san'ati asrlar davomida kamol topib kelgan hamda avloddan avlodga «ustoz-shogird» an'anasi orqali meros bo'lib o'tib kelgan kasbiy (ustozona) musiqaning yuksak namunalaridir. Ta'kidlash joizki, maqomlar har jihatdan kasbiy musiqaning eng salmoqli va salobatli qismini tashkil etadi. Ulkan, hashamatli me'moriy obidalarga qiyoslanishi mumkin bo'lgan ko'p qismli maqomlarning yuzaga kelishida bastakorlik ijodi bilan birga musiqa ilmi (musiqashunoslik fani) ham katta ahamiyat kasb etgan.

Shu bois ham o'tmishda yashab ijod etgan ko'pgina mutaffakir olimlar, jumladan, Abu Nasr al-Forobiy, Abu Ali ibn Sino, Safiuddin Urmaviy, Qutbiddin Sheroziy, Abdulqodir Marog'iy, Abdurahmon Jomiy va boshqalar maqomlarga doir ilmiy risolalar yozganlar. Shu tariqa nafaqat maqom ijrochiligi va ijodkorligi, balki maqom san'atining ilmiy nazariyasi ham fan sifatida rivoj topib kelgan.

"Maqom" atamasi asli arabcha bo'lib, ko'p ma'nolarni, shu jumladan, "o'rin", «joy», «daraja», «martaba», «manzilgoh» kabi tushunchalarni ifodalaydi. Uning dastlabki musiqiy istilyohi esa "cholg'u asboblarida tovush xosil etiladigan joy" (I. Rajabov), ya'ni parda ma'nosiga bog'liqdir. Yana boshqa ko'pgina mazmun jihatlari ham aynan shu pardalarga bevosita bog'lanadi. Maqom – bu mukammal pardalar uyushmasi va doira usullari mushtarakligida ijod etilgan cholg'u kuy va ashulalar majmuasidir.

Hozir O'zbekistonda maqomlarning uch turi mavjud bo'lib, ular quyidagicha nomlanadi:
1. Shashmaqom (yoki Buxoro maqomlari);
2. Xorazm maqomlari;
3. Farg'ona-Toshkent maqom yo'llari.

O'zbek musiqa merosini asrab qolish va uni rivojlantirish ishiga ulkan hissa qo'shgan san'atkorlardan biri akademik Yunus Rajabiydir (1897-1976). Ustoz Rajabiyning o'zbek musiqasining deyarli barcha janrlariga mansub yozuv namunalari ko'p tomlik «O'zbek xalq musiqasi»da (I-V tomlar, 1955-59) nashr etilgan. Ushbu to'plamlarda, jumladan, bolalar qo'shig'i, xalq aytimlari (qo'shiq, lapar, yalla, ashula), katta ashulalar, cholg'u kuylari, Farg'ona-Toshkent maqom yo'llari, muhtasham Shashmaqom turkumi kabi ham musiqiy folklor, ham kasbiy musiqa qatlamlari munosib o'rin olgan. 1966-1975 yillari Shashmaqom majmuasini olti jildda qaytadan nashr etilishi hamda bu maqomlarni Yunus Rajabiy rahbarligidagi O'zbekiston teleradiosi maqomchilar ansambli ijrosida magnit tasmalar va lappaklarga (gramplastinkalarga) yozib olinishi bu ro'yxat salmog'ini yanada oshiradi. Yunus Rajabiy to'plamlari nisbatan mukammal darajada bajarilganligi bilan o'zbek musiqasini amaliy o'zlashtirish va nazariy o'rganishda benihoya qimmatli manbadir. Ayniqsa, Shashmaqom yozuv yo'llari avvalgi urinishlardan sifatli farq etishini ta'kidlash kerak. Bunda ovoz xususiyatlari ma'lum darajada inobatga olinib, kuy-ohanglariga o'zbek mumtoz she'riyati namunalari monand etilganligi, ritm-usullar o'lchov jihatdan muvofiq aks ettirilganligi kabi muhim holatlarni alohida aytish mumkin.

Shuningdek, 1950-yillar mobaynida Boboqul Fayzullayev, Shohnazar Sohibov, Fazliddin Shahobov kabi atoqli san'atkorlarning mehnati bois Shashmaqom tizimi Tojikistonda ham nashr etildi.

Xorazm maqomlari to'liq turkum (ya'ni ham chertim, ham aytim yo'llari) tarzida Matniyoz Yusupov tomonidan yozib olinib, 1958 yili «O'zbek xalq musiqasi» to'plamining VI jildida chop etildi. Bunda notaga oluvchi maqom aytim yo'llarini ham ovoz, ham tanburga oid xususiyatlarini alohida-alohida yozuvlarda aks ettirganki, natijada maqom ijrosi xususida aniqroq tasavvur beradi. 1980-yillar davomida M.Yusupov Xorazm maqomlarini ma'lum to'ldirishlar bilan qaytadan nashr ettirdi.

Tayanch so'z va iboralar: Baxshilar san'ati, katta ashula, maqom san'ati, shashmaqom ijrochilari, kasbiy musiqa, dostonchilik.

Mavzu bo'yicha savol va topshiriqlar
1. Baxshilar san'ati haqida nimalarni bilasiz.
2. Baxshichilik san'ati qaysi vohalarga xos?
3. Surxondaryo baxshichilik san'ati bilan Xorazm baxshichilik san'atining farqli jihatlari nimalarda namoyon bo'ladi.

4. Buxoro-Samarqand baxshichilik an'analari viloyatning qaysi tumanlarida keng tarqalgan?
5. Katta ashula qaysi mahalliy uslubga xos?
6. Katta ashula ijrochilaridan kimlarni bilasiz.
7. Maqom san'ati deganda nimani tushunasiz.
8. O'zbekistonda qanday maqomlar mavjud?
9. Farg'ona-Toshkent maqom yo'llari ijrochilaridan kimlarni bilasiz.
10. Xorazm maqomlariga qaysilar kiradi?
11. Xorazm maqomlari kim tomonidan yozib olingan?
12. Shashmaqom ijrochilaridan kimlarni bilasiz.

13-mavzu. Shashmaqom.
Reja:
1. Shashmaqom.
2. Shashmaqomning cholg'u bo'limi.
3. Shashmaqom ashula (nasr) bo'limi.

13.1. Shashmaqom.

O'zbek-tojik xalqlarining mumtoz musiqasi – Shashmaqom XVIII asr o'rtalarida Buxoroda saroy kasbiy musiqachilari va musiqashunos olimlari tomonidan olti maqomdan iborat mahobatli turkum tarzida tasnif etilgan edi. Mazkur turkum quyidagi maqomlardan tarkib topadi:
I. Buzruk – ma'nosi "katta", "ulug'", "buyuk".
II. Rost – ma'nosi "to'g'ri", "chin", "haqiqiy".
III. Navo – ma'nosi "kuy", "mungli kuy".
IV. Dugoh – ma'nosi "ikki o'rin", "ikki joy", "ikki parda".
V. Segoh – ma'nosi "uch o'rin", "uch joy", "uch parda".
VI. Iroq – ma'nosi shu nomli arab mamlakatiga nisbat berilgan.

Shuni alohida ta'kidlash joizki, Shashmaqom deganda eng avvalo tovushpardalarning olti xil mukammal uyushmasi anglashiladi, zero tarkibida ohangdosh (muloyim) bo'dlarning umumiy ko'rsatkichi (9) ulardagi asosiy tovush-nag'malar soni (8) dan ortiq bo'lgan bu pardalar ijod

jarayonida ustivor ahamiyat kasb etgan:
Bunda olti xil mukammal parda-tuzuklar uyushmasi bosh omil sifatida olinib, ularning muayyan doyra usullari bilan (birikuvi) birligi asosida ijod etilgan. Cholg'u kuy va aytim (ashula) yo'llari alohida-alohida turkumlarga birlashtirilgan. Demak, Shashmaqom eng avvalo, oltita mukammal pardalar uyushmasini anglatar ekan. Maqom cholg'u kuy va aytim (ashula) turkumlari esa ana shu mukammal pardalarning ma'lum doyra usullari bilan mushtarakligi natijasida yuzaga keladi. Shashmaqomdagi har bir maqom ikki yirik bo'limdan – cholg'u va aytim (ashula) yo'llari (turkumlari) dan iborat bo'lib, ularni "ustoz-shogird" an'anaviy maktabida tahsil ko'rgan kasbiy cholg'uchi va ashulachi-hofizlargina malakali ijro eta oladilar. Bu yuksak san'atni o'rganish istagida bo'lganlar eng avvalo shogirdlik maqomi odoblariga rioya qilishlari hamda o'zlarining burch va vazifalarini yaxshi bilishlari talab etilgan. Jumladan, shogird:
- o'z kasbini sevishi;
- ustozi oldida tavoze' bilan turishi;
- ustoziga behuda savollarni bermasligi;
- savol bermoqchi bo'lsa avval ijozat so'rashi;
- sabr-toqatli bo'lishi;
- ustozining oila a'zolari va qarindosh-urug'lariga hurmat bilan munosabatda bo'lishi;
- ustozining dushmani bilan do'st tutinmasligi;
- ustozining ko'rsatgan yo'l-yo'riqlariga amal qilishi;
- ustozining san'atiga taqlid qilishi;
- ustozi an'analarini davom ettirishi lozim bo'lgan.

13.2. Shashmaqomning cholg'u bo'limi.

Olti maqom tizimidagi har bir maqom ikki yirik bo'lim

cholg'u va aytim (ashula) yo'llaridan tarkib topishi aytilgan edi. Maqomlarning cholg'u kuylar bo'limi Buxoro an'anasiga ko'ra «Mushkilot» deb yuritiladi. Mazkur atama "qiyinchiliklar" ma'nosida kelib, jumladan, maqomlardagi bosh kuy-mavzuini murakkabligi turlicha bo'lgan doyra usullari sinovidan o'tishini va shu asnoda alohida qism va turkum miqyosida rivoj topishini ham anglatadi. «Mushkilot» bo'limi beshta tarkibiy qismdan iborat bo'lib, ular quyidagicha nomlanadi:
1. Tasnif - tasnif etilgan, ijod etildan, mukammal asar.
2. Tarje - qaytariq, takrorlash, takrorlanuvchi.
3. Gardun - falak gardishi, qismat.
4. Muxammas - beshlik, beshlangan.
5. Saqil - vazmin, og'ir.

Shuni aytish kerakki, garchand maqom cholg'u kuylarining nomlari serjihat ma'nolar kasb etsa-da, ammo ularning deyarli barchasi maqomlar «matnida», eng avvalo, doyra usullarini anglatadi. Binobarin, «Gardun», «Muxammas» yoki «Saqil» deyilganda birinchi navbatda ma'lum doira usullari nazarda tutiladi.

Maqomlarning «Mushkilot» cholg'u bo'limlari «Tasnif» nomli kuylar bilan boshlanadi. Bu atama «Olti maqom» ning har biriga qo'shilib, «Tasnifi Buzruk», «Tasnifi Rost», «Tasnifi Navo», «Tasnifi Dugoh», «Tasnifi Segoh» va «Tasnifi Iroq» kabi ataladi.

Tasnif cholg'u kuylari. Maqomlarning ma'nolar tizimi har bir maqomda o'zgacha tus kasb etarkan, u dastlab maqomning Tasnif qismi boshlang'ich kuy tuzilmasida ilk bor ifoda etiladi. Odatda, ushbu kuy mavzui kichik hajmda, ammo nisbiy tugal shaklda bayon etiladi. Zero maqom mavzulari timsolida umuman "musiqiy mavzu" tushunchasining beqiyos namunalari jonlanadiki, bunda buyuk ishq dardiga mubtalo qalblarning ruhiy holatlari go'yo nag'malarga muhr etilgan. Voqean, bu toifa musiqa mavzulari maqomdon-sozanda (ashula yo'llari esa hofizlarning) malakali ijrolari jarayonida o'zining ruhiy (ma'naviy) ta'sir ko'lamini namoyon eta boshlaydi. Chunkiy bu maqsadga erishish yo'lida mohiyatan ishq zavqidan kelib chiquvchi turli ijroviy usullar (nola, qochirim, kashish va b.)ni samarali qo'llay bilish talab etiladi. Ayni chog'da, bu usullar semantikasi ishqiy-dardchil va turfa go'zal tuyg'ular ifodasi bilan bog'liq ekanligini "jonli tinglov idroki" ila to'la-to'kis anglab yetish mumkin.

Tarje cholg'u kuylari. Mushkilotning Tasniflardan so'ng keladigan o'rtayakuniy bo'g'inlari boshlang'ichlar bilan tarkibiy bog'liq bo'ladi. Xususan, Tasniflarning kuy-mavzui turkum miqyosida yangi "sinov" mushkilotlaridan o'tadi, taraqqiyot ifodasi bo'lgan ohang va o'lchov-ritm o'zgarishlariga uchraydi. Bu o'zgarishlar dastlab mushkilot bo'limidagi ikkinchi qism – «Tarje» nomli kuylarda o'z aksini topadi. «Tarje» arabcha so'z bo'lib, «qaytarish», «takrorlash» ma'nolarini anglatadi. Buning ma'nosi shuki, «Tarje» qismlarida ushbu bo'limning 1-qismi, ya'ni «Tasnif» usuli (biroz tezroq sur'atda) va asosiy kuy ohangi ma'lum o'zgarishlar bilan takrorlanadi. «Tarje»lar ham «Tasnif»lar singari maqomlarning nomlariga qo'shib o'qiladi: «Tarje'i Buzruk», «Tarje'i Navo», «Tarje'i Dugoh», «Tarje'i Segoh», «Tarje'i Iroq». Ammo «Rost» maqomida Tarje nomli kuy qismi uchramaydi.

Gardun cholg'u kuylari. «Gardun» nomi bilan yuritiladigan cholg'u kuylari Mushkilot bo'limining uchinchi tarkibiy qismi bo'lib, odatda, «Tasnif» va «Tarje» lardan so'ng ijro etiladi. Uning nomi asosiy maqomlar bilan qo'shilib, «Garduni Buzruk», «Garduni Rost», «Garduni Navo», «Garduni Dugoh», «Garduni Segoh» kabi ataladi. «Iroq» maqomida esa «Gardun» kuyi uchramaydi. Shuni aytish kerakki, «Gardun» atamasining lug'aviy ma'nosi «falak gardishi», «qismat» ma'nolarida kelsa-da, biroq maqomlar matnida muayyan doyra usulni ham anglatadi. Bu usul avvalgi qismlardan o'zining murakkab o'lchov-ritmi va shakl

ko'rinishlari bilan farq qiladi.[22]
Muxammas cholg'u kuylari. Olti maqomning «Muxammas» nomli cholg'u kuylari «Gardun» lardan so'ng ijro etiladi. Ammo Muxammas o'zidan oldingi kuy («Tasnif», «Tarje» va «Gardun») lardan farqli o'laroq bir va bir necha ko'rinish (variant)da namoyon bo'ladi. Jumladan, Shashmaqomda jami 16 ta Muxammas bo'lib, ular quyidagicha taqsimlanadi:
1. «Buzruk» maqomi: a) «Muxammasi Buzruk», b) «Muxammasi Nasrulloyi»;
2. «Rost» maqomi: a) «Muxammasi Rost», b) «Muxammasi Ushshoq», v) «Muxammasi Panjgoh»;
3. «Navo» maqomi: a) «Muxammasi Navo», b) «Muxammasi Bayot», v) «Muxammasi Husayniy»;
4. «Dugoh» maqomi: a) «Muxammasi Dugoh», b) «Muxammasi Chorgoh», v) «Muxammasi Hojixo'ja», g) «Muxammasi Chor Sarxona»;
5. «Segoh» maqomi: a) «Muxammasi Segoh», b) «Muxammasi Ajam», v) «Muxammasi Mirza Hakim»;
6. «Iroq» maqomi: a) «Muxammasi Iroq».
Saqil cholg'u kuylari. Olti maqomning «Mushkilot» bo'limlari «Saqil» nomli cholg'u kuylari bilan yakunlanadi. Ushbu atama arabcha bo'lib, «og'ir», «vazmin» ma'nolarni bildiradi. Darhaqiqat, Olti maqomdagi «Saqil» kuylari vazmin ruhda ijro etilishi bilan ajralib turadi. «Saqil»lar ham «Muxammas»lar kabi har bir maqomda bir necha ko'rinish (variant)da zuhur bo'lishi mumkin:
1. "Buzruk" maqomida: a) "Saqili Islim", b) "Saqili Sulton";
2. "Rost" maqomida: a) "Saqili Vazmin", b) "Saqili Rakrak";
3. "Navo" maqomida: a) "Saqili Navo;
4. "Dugoh" maqomida: a) "Saqili Ashqullo";
5. "Segoh" maqomida: a) "Saqili Basta Nigor";
6. "Iroq" maqomida: a) "Saqili Iroq I", b) "Saqili Iroq 2", v)

---

[22] Romen Rollan. Gendel. 20 jildlik asarlar to'plami, 17-jild. – L., 1935, 11-b.

"Saqili Kalon".

13.3. Shashmaqom ashula (nasr) boʻlimi.

Maqomlarning aytim (ashula) boʻlimi umumiy nom bilan "Nasr" deb ataladi. Nasr – arabcha "koʻmak", "zafar", "gʻalaba" demakdir. Maqom ashulalari aytim san'atining murakkab va mukammal namunalarini namoyon etadi. Shu bois ham ularni kuylash uchun maxsus amaliy malaka va ijroviy mahorat talab etiladi. Bunga erishish uchun esa musiqiy tahsilning "ustoz-shogird" an'anasi qoʻllanib kelingan. Ushbu an'anaga binoan, maqomchi ustoz oʻz san'atini oʻrgatish va shu tariqa meros qoldirish yoʻlida oʻziga qobilyatli shogird tanlagan. Shogird ustozning maqom ashulachiligi bobidagi mahoratini koʻp yillar (7-10, hatto 10-15 yil) davomida bosqichma-bosqich egallab borgan. Bu jarayonda nota yozuvlari kam ahamiyatli boʻlib, shogirdlar ustozlarining namunaviy ijrolarini asosan "tinglash, idrok etish" bilan xotiralariga muhrlaganlar va maxsus mashqlar orqali ularni amaliy oʻzlashtirib borganlar. Shuningdek, maqom ashulalarida qoʻllangan aruz vaznidagi koʻplab she'riyat (Lutfiy, Sakkokiy, Atoiy, Hofiz, Jomiy, Navoiy, Fuzuliy, Bobur, Mashrab va boshqalar ijodi) namunalarini yod olishlari lozim edi. Bundan tashqari, joʻrnavoz sozlar qatorida doira usullarini hamda tanbur ijrochiligini zaruriy darajada oʻzlashtirganlar.

Demak, maqomlarni oʻrganish va soʻngra ularni ijro etishda xotira kuchi nihoyatda muhim ahamiyatga ega ekan. Shuni nazarda tutib, maqomlarning aytim (ashula) yoʻllari ijrochilarini "hofiz" deb ham atashadi. Bu atama esa arab tilida "saqlovchi", ya'ni "xotirasida saqlovchi", "yod biluvchi" ma'nolarini anglatadi. Shuni ta'kidlash joizki, maqom hofizlari kuchli, yuqori pardalarni zabt eta oladigan va, ayni vaqtda, xushovoz sohiblari bo'lmoqlari lozim.

Buxoro maqomlarining "Nasr" nomli aytim yo'llari (yoki ashula bo'limlari) ikki guruhdan iborat ashula turkumlariga bo'linadi. Birinchi guruhning tarkibi, odatda, "Saraxbor", "Talqin", "Nasr" deb nomlanuvchi asosiy aytim yo'llari hamda ularning Taronalari va yakuniy Ufar ashula qismlaridan tashkil topadi. Mazkur sho'balar turkumini quyidagicha tasvirlash mumkin.
1. Saraxbor (bosh xabarlar, bosh mavzu) Tarona
2. Talqin (pand nasihat, maslahat) Tarona
3. Nasr (ko'mak, zafar, g'alaba) Tarona
4. Ufar
"Saraxbor" aytim yo'llari. "Saraxbor" (Sar - fors. toj. bosh, axbor ar. xabarlar, bosh mavzu) bosh xabarlar, bosh mavzu kabi ma'nolarda keladi. Zotan, har bir maqomning aytim yo'li "Saraxbor" bilan boshlanadi va shu tariqa uning kuyohangi, tayanch pardalari, namud-avjlari, xullas, shaklu shamoyili qolgan ashula yo'llari (qismlari) uchun muhim asos bo'lib xizmat qiladi. "Saraxbor" qaysi maqomga mansub bo'lsa, shu maqomning nomi bilan birga qo'shilib, "Saraxbori Buzruk", "Saraxbori Rost", "Saraxbori Navo", "Saraxbori Dugoh", "Saraxbori Segoh", "Saraxbori Iroq" kabi yuritiladi.

"Saraxbor"lar (maqomlarning boshqa ashula yo'llarida bo'lgani kabi) yuksak ishq (tasavvufona ishq), diniy-falsafiy, pand-nasihat kabi mavzulardagi mumtoz she'riyat (Rudakiy, Lutfiy, Sakkokiy, Navoiy, Munis she'rlari) namunalari asosida aytiladi. Ularning ichki shakl-tuzilishini quyidagicha tavsiflash mumkin:
a) dastlab kirish qismi bo'lgan muqaddimada cholg'u kuyi yangraydi;
b) hofiz she'r asosida ashula ayta boshlagan vaqtdan e'tiboran daromad qismi boshlanadi. Odatda, daromad bir xat, ya'ni bir she'riy bayt (ikki misra), ba'zan esa ikki bayt (to'rt misra) asosida "o'qiladi". Shuningdek, unda unli

harflar ("o", "a") va undovli-undalma ("yorey", "voyey", "jonimey" va h.k.)lar bilan aytiladigan ohanglar namoyon bo'lishi mumkin;
v) Miyonxat – ashula kuyining o'rta pardalarida (dastlabki tayanch pardadan kvarta yoki kvinta yuqorilab) davom ettirilishini, rivojlantirilishini anglatadi;
g) Dunasr – dastlabki daromad kuyini yuqori pardalarda (odatda, bir oktava yuqorilab) kuylash (aytish)da davom etish;
d) Avj maqom ashulasining eng yuqori pardalarda aytiladigan muhim cho'qqi qismi. Bunda o'zga kuy yoki ashula bo'laklari qo'llaniladi. Odatda, bunday "yangi" kuy tuzilmalari maqom ashula yo'llariga oid boshqa qismlardan olinib, ijro etilayotgan "Saraxbor" namunasining doyra usuliga muvofiqlashtirilgan holda aytiladi. Bu hol maqomchilikda "namud" (fors. toj. so'z ko'rinish, namoyon bo'lish ma'nosida) deb yuritiladi. Maqomdon olim Ishoq Rajabovning tadqiqotlardan ma'lum bo'lishicha, Shashmaqom tizimida 8 ta asosiy namud va 2 ta namud vazifasini bajaruvchi avj (Turk avji va Zebo Pari avji) qo'llaniladi. Bunda namud sifatida qo'llangan kuy tuzilmasi o'zining kelib chiqish manbasiga ko'ra nom oladi. Masalan, «Segoh» maqomining kuy tuzilmasi qo'llangan bo'lsa, u «Segoh namudi» (yoki «Namudi Segoh»), «Navo» maqomining «Bayot» sho'basidan kuy tuzilmasi qo'llangan bo'lsa «Bayot namudi»,»Buzruk» maqomining «Uzzol» kuyidan parcha bo'lsa «Uzzol namudi» kabi ataladi. Namudni qo'llash uchun esa ijro etilayotgan sho'baning dastlabki kuy mavzui daromad-miyonxat-dunasrlar yetarli darajada rivoj topgan bo'lishi kerak;
e) Tushirim (yoki Furovard), ya'ni avjdan so'ng ashula kuyining dastlabki tayanch pardasiga qaytib, yakunlanish qismidir.
Talqin va Nasr aytim yo'llari. «Saraxbor»lar misolida ko'rib o'tilgan shakliy tuzilma («muqaddima», «daromad», «miyonxat», «dunasr», «avj», «tushirim») qolipi «Talqin» va

«Nasr» nomli aytim yo'llari uchun ham asos etib olinadi. Ammo mazkur aytim yo'llari «Saraxbor»larga nisbatan doyra usullari jihatidan farq qiladi. Masalan, «Saraxbor»larda ikki hissali doyra usuli oddiy shaklga ega bo'lgani holda, «Talqin» nomli sho'balarda nisbatan murakkab tuzilmali zarb usuli qo'llaniladi.

«Savt» ashula yo'llari («Segoh» va «Iroq» maqomlaridan tashqari) «Buzruk», «Rost», «Navo» va «Dugoh» maqomlaridan o'rin olgan bo'lib, quyidagi nomlarda keladi:
1. «Buzruk» maqomida "Savti Sarvinoz";
2. «Rost» maqomida "Savti Ushshoq", "Savti Sabo", "Savti Kalon";
3. «Navo» maqomida "Savti Navo";
4. «Dugoh» maqomida "Savti Chorgoh".

"Mo'g'ulcha" nomli ashula yo'llari. Olti maqomning to'rttasida ("Rost" va "Iroq" maqomlaridan tashqari) mavjud bo'lib, quyidagicha nomlanadi:
1. Buzruk maqomida: Mo'g'ulchai Buzruk (yoki Buzruk Mo'g'ulchasi);
2. Navo maqomida: Mo'g'ulchai Navo
3. Dugoh maqomida: Mo'g'ulchai Dugoh
4. Segoh maqomida: Mo'g'ulchai Segoh.

Shuni aytish kerakki, Mo'g'ulcha va Savtlar doyra usullarining tuzilishi, tarkibiy qismlarining nomlanishi va otdosh shoxobchalari bilan birga nisbiy mustaqil turkum xosil qilishi kabilar nuqtai nazaridan ko'pgina o'zaro o'xshashliklarga ega bo'lsa-da, biroq kuy-ohanglari jihatidan anchagina farqlanadi. Zotan Savtlar birinchi guruh sho'balaridan asosan Talqin va Nasr yo'llarining kuyohanglariga asoslangani holda, Mo'g'ulchalar ko'proq Saraxbor sho'balariga nazira sifatida ishlangan ashula yo'llaridir. Bu hol ularning nomida ham o'ziga xos tarzda (masalan, Mo'g'ulchai Buzruk – Saraxbori Buzruk, Mo'g'ulchai Dugoh – Saraxbori Dugoh va h.) aks etgan.

Tayanch so'z va iboralar: Shashmaqom, tarje cholg'u kuylari, gardun cholg'u kuylari, muxammas cholg'u kuylari, saqil cholg'u kuylari, saraxbor, talqin, nasr usullari, miyonxat, avj.

Mavzu bo'yicha savol va topshiriqlar
1. Shashmaqom nechta maqomdan iborat?
2. Maqomlar nomiga izoh bering.
3. Shashmaqom cholg'u bo'limi qanday nomlanadi?
4. Shashmaqom cholg'u musiqasi haqida nimalarni bilasiz?
5. Tarje cholg'u kuylari haqida nimalarni ayta olasiz.
6. Gardun cholg'u kuylari qanday bo'ladi.
7. Muxammas cholg'u kuylari xususida so'zlab bering.
8. Saqil cholg'u kuylari haqida gapirib bering.
9. "Saraxbor" aytim yo'llari haqida gapirib bering.
10. Talqin usulini ijroqilib bering.
11. Nasr usulini ijro qilib bering.
12. Miyonxat nima?
13. Avj nima?
14. Shashmaqomda qanday avjlar bor?

14-mavzu. Musiqali drama
Reja:
1. Musiqali drama.
2. "O'lding aziz bo'lding" musiqali dramasi.

14.1. Musiqali drama.

O'zbekiston kompozitorlarining musiqali drama va opera kabi murakkab musiqaviy sahna janrlarini o'zlashtirish borasida olib borgan faoliyatlari bir necha bosqichda amalga oshdi. Bu jarayonning dastlabki (1930-40 y.) davrlarida kompozitorlarning ijodiy hamkorligi taqozo etilgan (masalan, "Po'rtana" musiqali dramasi kompozitorlar T.Sodiqov va N.Mironov, shuningdek, "Gulsara" – T.Sodiqov va R.M.Glier, "Bo'ron" operasi – M.Ashrafiy – S.Vasilenko, "Layli va Majnun" - R.Glier – T.Sodiqov hamkorligida ijod etilgan) edi. Keyingi yillar (1950-80) mobaynida o'zbek kompozitorlari ushbu janrlarda mustaqil ijod qilish muammosini uzil-kesil hal qildilar. Bunga, jumladan,

I.Akbarovning "Momo yer", S.Boboyevning "Vatan ishqi", M.Mahmudovning "Aka-uka sovchilar" va yana boshqa ijodkorlarning ko'plab musiqali dramalarini, hamda opera janrida M.Ashrafiyning "Dilorom", S.Yudakovning "Maysaraning ishi", S.Boboyevning "Hamza", I.Akbarovning "So'g'd elining qoploni", R.Hamroyevning "Zulmatdan ziyo", S.Jalilning "Zebuniso" kabi sahnaviy asarlarini misol keltirish mumkin.

O'zbekistonning mustaqillikka erishuvi sharofati ila musiqiy teatr san'ati taraqqiyotida yangi davr boshlandi. Musiqali drama va opera janrlarida eng avvalo tarixiy shaxslar siymosini haqqoniy gavdalantirish bilan bir qatorda maishiy syujetlarga asoslangan mavzular ustuvor ahamiyat kasb eta boshlaganligini qayd etish kerak. M.Mahmudovning "To'ylar muborak", F.Alimovning "Nodirabegim", "Superqaynona", "O'lding, aziz bo'lding", "Yusuf va Zulayho", B.Lutfullayevning "Taqdir", "Alpomishning qaytishi", "Bobur sog'inchi" musiqali dramalari, M.Bafoyevning "Ahmad al-Farg'oniy", A.Ikromovning "Amir Temur" operalari shular jumlasidandir.

Kompozitor Farhod Alimovning dramaturg Xoliq Xursandov pyesasi asosidagi "O'lding, aziz bo'lding" musiqali dramasida ajdodlarimizdan ma'naviy meros kelayotgan azaliy milliy qadriyatlar taqdiri, turli avlodlar o'rtasidagi mehroqibat masalasi fojeali komediya tarzida badiiy ifodalanadi.

14.2. "O'lding aziz bo'lding" musiqali dramasi.

Oddiygina qishloq hovlisi. Hovliga Mavlon ota kirib keladi. U ustozi va ham yaqin do'stini so'nggi yo'lga kuzatish marosimida bo'lib, uning marakasiga yakkayu yagona o'g'lining kelmaganidan iztirob chekadi. Ko'nglini allanechuk xavotir chulg'agan ota o'z farzandlarining ham mehr-oqibatsizligidan eziladi. Uy ichkarisidan ayoli Oydona chiqib keladi va Mavlon otaga dalda berib, farzandlari ularni tashlab qo'ymasligini aytadi. Shu payt hovliga Mavlon otaning do'sti Avaz ota kirib keladi va ular suhbatidan voqif bo'ladi. Do'sti Avaz har qancha yupatmasin, Mavlon otaning baribir ko'ngli to'lmaydi va farzandlarini sinash maqsadida qaltis bo'lsa ham o'zini "o'ldi"ga chiqaradi. Do'sti va ayolini ham bu ishda unga yordam berishga ko'ndiradi va o'zi chetdan turib kuzatishga ahd qiladi.

Otasining vafoti to'g'risidagi xabarni eshitgach, bolalari birin-ketin yetib kelishadi. Mavlon otaning katta o'g'li Sultonning tumandan tayinlangan vakili rais bilan kirib keladi va o'zini tanishtiradi. O'z ona tilini yaxshi bilmaydigan, milliy marosimlarni tushunmaydigan vakil ushbu "tadbir"ni o'tkazish "ma'suliyati" uning zimmasida ekanligini aytib, "kattalar" kelguncha hozirlik ko'rish kerakligi haqida ko'rsatmalar bera boshlaydi.

Shu payt o'rtancha o'g'li, xasis tadbirkor - Doston kirib keladi va akaukalari hali yetib kelmaganini bilgach, mehribon o'g'il sifatida maqtanib qo'yadi. Doston otasining ta'ziyasida yig'lab berish uchun marsiyachi ayol yollaydi. Marsiyachi ayol xizmat haqi uchun to'lanadigan pul miqdorining ozligidan qaytib ketmoqchi bo'ladi. Doston talashib-tortishib ayyorlik bilan uni ko'ndiradi vachiqib ketadi.

Marsiyachi ayol ichkari tomon kirib, bor ovozi bilan aytib-aytib yig'laydi. Vakil esa bu tadbirda yig'lash mumkin emasligi, Sulton Mavlonovichning mansabiga putur yetishini aytib, uni to'xtatishga harakat qiladi. U bu tadbirni yuqori saviyada o'tkazish uchun orkestr chaqirtirganini aytadi va rais bilan birga eshik oldida to'plangan odamlarni tarqatib yuborish uchun chiqib ketadi.

Bu voqealarni ichkari xonadan kuzatib toqatsizlangan Mavlon ota tashqariga chiqadi. Shu payt vakil kirib keladi va Mavlon otani ko'radi. Avaz ota "marhumni" tanishtirganda, vakil "g'ozir hazilning mavridimas" deb, bepisandlik bilan jerkib beradi va yana chiqib ketadi. Hovliga Doston kirib keladi. Uning orqasidan Sulton Mavlonovich kelgani xabari bilan rais va vakil shoshib kirishadi. Sulton xuddi majlisga tashrif buyurgandek g'o'ddayib kirib keladi. Vakil hatto

orkestrda kuy ijro ettiradi. Supaga o'tirib olgan Sultonga rais ikki buqilib choy uzatadi, vakil "kattalar" nomidan Sultonga yozilgan hamdardlik ta'ziyanomasini tantanavor o'qib eshttiradi. Sulton hatto yig'lashni ham bilmaydi. Shunda ukasi Doston unga yig'lashni o'rgatadi. U yig'lashga harakat qiladi. Shunda uning yig'isi qo'shiqqa o'xshab qoladi. Shu orada ularning kenjasi Bo'ston kirib keladi. U talaba bo'lib shaharga ketganidan beri uyga qaytib kelmagan. Uylanmagan, hech qayerda ishlamaydi, faqirlikda kun kechiruvchi shoir. Hammadan keyin qizi Guliston kirib keladi. U hamma bilan birma-bir yig'lab ko'rishib, turmush tashvishlari bilan bo'lib, otasi holidan xabar ololmagan, qadriga yetmagan, tirikligida e'zozlamagan, loaqal, akalari va ukasining otasi holidan xabar olmaganidan eziladi. Singlisini so'zlarini eshitgan akpukalarning ko'ngillari biroz yumshaydi. Otasining bevaqt vafotida bir-birlarini ayblashib, ko'rsatgan bir ozgina yordamlarini ta'na qila boshlashadi, natijada farzandlar orasida janjal chiqadi. Ular tezda yana "o'z dunyolariga" qaytishadi va otalarining o'zini aybdor deb bilishadi. Farzandlari o'rtasida paydo bo'lgan janjalni ko'rib, Mavlon ota qilgan ishidan qattiq pushaymon bo'ladi. Yurak-bag'ri ezilgan ota bor haqiqatni aytish uchun barcha oldiga chiqadi. Otalarini tirik ko'rgan farzandlar, avvaliga hayratdan qotib qolishdi, so'ng bu qilmishi uchun qattiq qoralashdi. Otasining biror og'iz so'zini tinglamay, turli ishlarni bahona qilib birin-ketin chiqib ketishdi.
Hovlida Mavlon otaning bir o'zi qoladi. Tepadan beshik tushiriladi. Ota farzandlarini chaqira-chaqira, beshikka suyanganicha jon beradi.
Ushbu musiqaviy sahna asarida o'zaro farqli ikki ohanglar tizimining qiyosi muhim o'rin tutadi. Bunda asosiy ijobiy qahramonlar - Mavlon ota, uning ayoli Oydona va qizi Gulistonlarning partiyalarida milliy negizga ega cho'zimli ohanglar ustuvorligi kuzatiladi. Buni ashula xususiyatlari bilan yo'g'rilgan "Mavlon ota qo'shig'i"da ko'rish mumkin:

Oydona va Gulistonlarning musiqiy partiyalarida o'zbek ayollari ijodiga xos so'lim tabiatli ohang lug'atidan unumli foydalanilgan. Xalqimiz milliy badiiy qadriyatlarini o'zida mujassam etgan bu musiqiy yo'nalishning aksini Mavlon otaning o'g'illari – Sulton, Doston va Bo'stonlarning musiqiy tavsiflarida ko'ramiz. Zero, bu personajlarning musiqiy "chiqishlari" milliy ildizdan uzilgan tumtaroq va "ajnabiy" ohanglarga qurilgan. Bu hol ularning ko'p asrlik mahalliy an'analardan begonalashib ketganliklarini ko'rsatishga xizmat qiladi. Binobarin, spektaklning musiqiy dramaturgiyasi aynan milliy va "begona" ohanglar tafovuti asosiga qurilgan.

Tayanch so'z va iboralar: O'zbek musiqali dramasi, o'zbek kompozitorlari, O'lding aziz bo'lding, musiqiy dramaturgiya.

Mavzu bo'yicha savol va topshiriqlar

1. O'zbek musiqali dramasi xususida nimalarni bilasiz?
2. Hammualliflikda yozilgan ilk o'zbek musiqali dramalari.
3. Musiqali drama yozgan o'zbek kompozitorlardan kimlarni bilasiz?
4. "O'lding aziz bo'lding" asarining muallifi kim?
5. Farhod Alimov ijodidan nimalarni bilasiz.
6. "O'lding aziz bo'lding" musiqali dramasi haqida so'zlab bering.
8. "O'lding aziz bo'lding" musiqali dramada qanday g'oya ilgari suriladi?

15-мavzu. O'zbek opera
Reja:

1. Opera san'ati.
2. Mustafo Bafoyevning "Sevgim samosi" operasi.

15.1. Opera san'ati.

Opera turli san'atlar uyg'unligini taqozo etuvchi va, ayniqsa, kompozitordan sahna xususiyatlari va dramaturgiya qonuniyatlarini puxta bilishni talab etuvchi murakkab janrdir. Shu bois hatto tan olingan daho kompozitorlar (K.V.Glyuk, R.Vagner, J.Verdi, P.Chaykovskiy va b.) ham o'zlarining mumtozlik darajasiga yuksalgan operalarini birinchi urinishdayoq ijod eta olmaganliklari tarixdan ayon.

Kuzatuvlardan ma'lum bo'lishicha, ijodkorlar opera sohasida ko'p izlanishlar natijasida orttirgan zarur tajriba va erishgan kasbiy malakalari pirovardida bu jabhada muvaffaqiyat qozona olganlar.

O'zbekiston san'at arbobi, kompozitor Mustafo Bafoyevning O'zbekiston xalq shoiri Jumaniyoz Jabborov librettosi asosida ijod etgan "Sevgim samosi"[23] operasi bir qator jihatlari bilan e'tiborni o'ziga tortadi. Eng avvalo yuqorida qayd etilgan "zarur tajriba va malaka" xususida to'xtalib o'tish joiz.

"Sevgim samosi" operasiga qadar M.Bafoyev sahna qonuniyatlarini dadil izlanishlar asnosida bosqichma-bosqich o'zlashtirib borganligining guvohi bo'lamiz. Avaliga u operaga bir qadar monand janr – musiqali dramalarda ("Yettinchi jin", "Uzilgan torlar" va b.) o'z kuchini sinab ko'rdi. Qo'lga kiritgan ijodiy natijalarga tayanib 1987 yili "Umar Xayyom" operasini yaratadi. Shundan so'ng muallif sahnaviy musiqa va unda tarixiy shaxs siymosini yaratish borasidagi izlanishlarini yangi kesimda davom ettirib, 1991-95 yillar mobaynida "Nodira", "Ulug'bek burji" va "Moziydan nur" telebaletlarini tomoshabinlar hukmiga havola qildi. Bu izlanishlarning xosilasi o'laroq esa " Buxoroi sharif" teleoperasi yuzaga keldi. Va, nihoyat, 2008-yilning 2-may kunida tarixiy shaxs, vatandoshimiz Ahmad Farg'oniy hayotiga oid "Sevgim samosi" operasining premyerasi bo'lib o'tdi. Ikki parda, besh ko'rinishdan iborat

---

[23] Opera birinchi tahrirda "Ahmad al-Farg'oniy" deb nomlangan

ushbu operaning dramaturgiyasi ohanglar tizimi o'zaro farqli uslublar qiyosi va "to'qnashuvi" asosiga qurilgan. Bunda milliy meros boyliklari asosida qayta ifodalangan musiqa namunalari voqealar rivojida ustuvor ahamiyat kasb etadi.

15.2. Mustafo Bafoyevning "Sevgim samosi" operasi.

Operada personajlar sifatida jonlangan tarixiy shaxslar – vatandoshlarimiz Ahmad Farg'oniy va Muhammad Xorazmiylarning musiqiy siymolari bizga qadrdon o'zbekona kuylar asosida talqin qilingan. Bunda kompozitor opera "tilini" imkon qadar xalqchil qilib, shu alfozda keng tinglovchilar ommasiga yetkazishni ko'zlaydi. Shu bilan birga M. Bafoyev, o'zbek musiqasida mavjud mahalliy musiqiy uslublardan foydalangan holda, tarixiy shaxslarning tug'ilib o'sgan makonlariga ham ishoralarni qo'llaydi. Masalan, Ahmad Farg'oniyning yakkaxon "chiqishlari" va ariyalarida dastlab vodiyda taralgan, so'ngra esa xalqimiz orasida ma'lum va mashhur bo'lib ketgan "Sayyora" va "O'rtar" ashulalaridan unumli foydalanilgan. Ayniqsa kompozitor "Sayyora" ashulasining xalqimiz qadriyatlar xotirasida tutgan muayyan o'rinini inobatga olib, shu asosda vatan sog'inchi ila o'zga yurtlarda "ovvora" yurgan va butun opera davomida izchil takrorlanuvchi Farg'oniy leytmavzusini serqirra qo'llaydi.

Muhammad Xorazmiyning bosh musiqiy tavsifi esa Xorazm maqomlarining Nasr aytim yo'li negizida ariya tarzida ("Shitob aylab") ishlangan. Ahmad Farg'oniyning sevgilisi – Safina obrazini talqin etishda kompozitor asosan umumlashma ohanglar ifodasini qo'llaydi.

Operaning boshqa bir personaji – muholif bin Yusuf, bosh qahramondan farqli o'laroq, keskin, "muvozanatsiz" ohanglar tizimida tavsif etilgan va shuning bilan-da umumiy oqimga tazod holatini olib kiradi. Binobarin, operaning musiqiy tuguni va yechimi kuychanlik va "keskinlik" tamoyillari tafovutida hal etiladi.

"Sevgim samosi"da o'zbek operalarida hali-hanuz o'z yechimini topmay kelayotgan rechitativ, ya'ni "musiqiy so'zlashuv" masalasida ham ijobiy siljish kuzatiladi. Asosiy personajlarning rechitativlari mumtoz maqomlar tarkibida kelgan "uzzol" nomli sho'baning lisoniy nutqga monand dastlabki ohanglari asosida, ommaviy sahnalardagi "so'zlashuvlar" esa "aytishuv" shaklida ishlanganligi maqsadga muvofiq bo'lgan.

"Sevgim samosi" operasida arab mamlakatlarining iforini tarannum etuvchi sharqona ohanglar ham ahamiyatlidir. Bu o'rinda shoh Ma'mun obrazi va ayniqsa uchinchi ko'rinishda namoyon bo'lgan sayyoralarning (Mirrix, Zuxal, Mushtariy va b.) raqslarini qayd etish joiz. Shuni aytish kerakki, Ahmad Farg'oniyning xayolan samoga safar qilishi jiddiy asosga ega. Alloma yashagan paytda aniq fanlar rivoj topdi, arifmetika, geometriya qatorida astronomiya ilmi yuksaldi. Koinotga ruhiy safar qilish istagi barq urib, aniq fanlar yutug'iga asoslangan. Shunga ko'ra, astronomiya ilmi natijalari asosida yetti sayyoraning har biriga bog'liq maqom pardalari (hatto maqom ijrochilari liboslarining ranglari ham) aniqlangan bo'lib, hafta davomida koinot sayyoralariga ruhan yuksalish uchun maqomlarni maqsadga muvofiq tinglash kunlari va vaqtlari belgilangan edi.

M.Bafoyevning "Sevgim samosi" operasi Mustaqillik yillarida yaratilgan e'tiborli sahna asari bo'lishi bilan birga milliy o'zbek operasini yaratish yo'lidagi muhim bosqich bo'ldi.

Tayanch so'z va iboralar: O'zbek operasi, Sevgim samosa, sharqona ohanglar, so'zlashuvlar, aytishuv.

Mavzu bo'yicha savol va topshiriqlar
1. O'zbek operasi haqida nimalarni bilasiz ?
2. Ilk o'zbek opera ijodkorlari.
3. Mustafo Bafoyevning "Sevgim samosi" operasi xususida so'zlab bering.
4. Mustafo Bafoyevning ijodiy faoliyatidan gapirib bering.
5. "Sevgim samosi" kim haqida yozilgan?
6. "Sevgim samosi" operasida sharqona ohanglarning qo'llanilishi.

7. O'zbek operalaridan qaysilarni bilasiz ?
8. O'zbek opera ijrochilaridan kimlarni bilasiz ?

16-mavzu. O'zbek simfonik musiqasi
Reja:
1. Simfonik musiqa.
2. O'zbek simfonik musiqasi xususida.
3. O'zbek simfonik musiqasida Mirsodiq Tojiyevning ijodiy faoliyati.

16.1. Simfonik musiqa.

XX asr davomida O'zbekiston musiqa san'atida xalq musiqasi, an'anaviy kasbiy musiqa rivoji bilan birga yana musiqiy ijodkorlikning "yevropacha" ko'rinishi bo'lgan kompozitorlik sohasi ham jadal sur'atlarda shakllana boshladi. Bu jarayonda kompozitorlar o'zbek xalq musiqa boyliklariga tayangan holda musiqali drama, opera, balet, simfoniya, kinomusiqa kabi ko'povozli tizimga asoslangan asarlar yaratishga intilganlar. Xususan, V.A.Uspenskiy o'zining O'zbekistonda 1920-yillari boshlangan kompozitorlik ijodida xalq va maqom kuylariga asoslanib musiqa asarlari yozganligi anchagina e'tiborli bo'lgan. Uning "Chetire melodiya narodov Sredney Aziya" nomli orkestr syuitasida afg'on, qozoq va o'zbek xalq ohanglari mohirona qayta ishlangan bo'lsa, orkestr ijrosi uchun "Dugoh-Husayn", "Poema-raspodiya", "Lirik poema" hamda "Farhod va Shirin" musiqali dramasida maqom yo'llariga ijodiy tayanganligini ko'ramiz. Ushbu ijodiy tamoyil keyinchalik o'zbek kompozitorlari – Tolibjon Sodiqov, Muxtor Ashrafiy, Mutal Burhonov, Doni Zokirov, Sulaymon Yudakov, Manas Leviyev, Sayfi Jalil, Sobir Boboyev, Ikrom Akbarov, Fattoh Nazarov, Rashid Hamrayev, Sulton Hayitboyev, Mirsodiq Tojiyev, Mirhalil Mahmudov, Habibulla Rahimov, Mustafo Bafoyev, Rustam Abdullayev kabi o'zbek kompozitorlari tomonidan yangi darajalarda munosib davom ettirildi.

16.2. O'zbek simfonik musiqasi xususida.

Xususan, o'zbek milliy simfonizmining shakllanishida atoqli kompozitor, O'zbekistonda xizmat ko'rsatgan san'at arbobi Mirsodiq Tojiyev (1944-1996) ijodi ulkan ahamiyat kasb etdi.

20 asrning so'nggi choragi o'zbek musiqasida o'zining shiddatli ijodiy jrayonlari va serqirra jihatlari bilan alohida diqqatga sazovordir. G'arb va Sharq musiqiy an'analari bir nuqtada kesishgan ana shu davr ijodkor zimmasiga bu an'analarni o'zaro hamohang etishdek benihoya murakkab ijodiy vazifani yukladi. Aynan shunday tarixiy sharoitda kompozitor M.Tojiyev dahosi yorqin namoyon bo'ldi. Kompozitorlik sohasiga tayyorgarlikni Hamza nomidagi musiqa bilim yurtiga A.Malaxov va R.Vildanov ustozligida boshlagan M.Tojiyev, keyinchalik 1965 yili ta'limni Toshkent davlat konservatoriyasida (R.Vildanov, so'nggi yili – F.Yanov-Yanovskiy rahbarligida) davom ettirdi. Bo'lajak ijodkorning voyaga yetishida o'lmas xalq kuylari-yu, ulkan musiqiy qatlam – mumtoz maqomlar favqulodda ahamiyat kasb etdi. Bu omillar keyinchalik kompozitor ijodiy uslubining mazmun-mohiyatini belgiladi, uning san'atiga yyetuklik bag'ishladi. O'z ijodi bilan o'zbek musiqasi rivojida butun bir yangi davrni boshlab bergan kompozitor M.Tojiyevning barakali ijodi 19 simfoniya, ulug' mutafakkir shoir Mir Alisher Navoiy siymosiga bag'ishlangan "Shoir sevgisi" simfonik poemasi, A.Qodiriyning "O'tkan kunlar" romani asosida yaratilgan "Kumush" operasi (I.Sulton librettosi), "Chollar va kampirlar" (H.Sharipov librettosi), "Qaydasan, jon bolam" (M.Boboyev librettosi) musiqali dramalari, "Ko'hna Samarqand yuragi" nurli tovush panoramasi, xalq cholg'ulari orkestri uchun "Sarafroz" turkumi, bir qator kinofilmlarga musiqa hamda katta-kichik cholg'u va aytim asarlarini qamrab oladi.

16.3. O'zbek simfonik musiqasida Mirsodiq Tojiyevning ijodiy faoliyati.

M.Tojiyev ijodida simfoniya janri yetakchi o'rin tutadi. Aynan shu janrda san'atkorning betakror uslubi, teran o'ymushohadalari, hakimona dunyoqarashi, qolaversa kompozitorlik mahorati toʻla-toʻkis namoyon boʻladi. Uning har bir simfoniyasida milliy mazmun ifodasi bilan bogʻliq turli badiiy vosita va shakllarga duch kelamiz. Bu ijodiy izlanishlardan asosiy maqsad – simfoniya janri vositasida milliy ruhni badiiy in'ikos ettirish, uni barkamol tarzda musiqiy sadolantirishdir. "Milliy ruh" masalasi kompozitorni ba'zan "simfoniya" xususidagi tom ma'nodagi tushuncha-tasavvurlarni ham inkor etishga undaydi. M.Tojiyev oʻzbek simfoniyasini yaratishdek ulkan ishni ado etish yoʻlida ikki musiqiy tafakkur – maqomot va simfonik uslubiyatlarni mushtarak eta oldi. Buning natijasi oʻlaroq, musiqashunoslik ilmida "maqom-simfoniya" iborasi muomalaga kiritildi. Simfoniya janridagi ushbu yangi sifat ilk bor M.Tojiyevning 1972-yili yaratilgan 3-simfoniyasida kuchli ifodalandi. Xususan, toʻrt qismdan iborat 3-simfoniyaning birinchi qismi maqom shoʻbalari kabi ohista va ravon rivojlanib, keyingi qism esa jadal sur'atda shiddatli yangraydi. Simfoniya janrining shu alfozda ifodalanishi jahon mumtoz musiqa an'analarida kamdan-kam uchraydigan hol. Boshqacha aytganda, M.Tojiyev Yevropa madaniyatida shakllangan simfoniya janri qadriyatlarini inkor etmaydi, balki uning mumtoz qonun-qoidalarini milliy an'nalarga boʻysindirgan holda talqin etadi. Bu hol esa oʻzbek zaminidagi simfoniya janrida yangi hodisa yuz berayotganligidan dalolatdir.

Kompozitorning 1990-yillar mobaynida yaratilgan 15-, 16-, 17-simfoniyalar uchligi uning ijodida ma'naviy "qirralar" ustuvor ahamiyat kasb eta boshlaganligini koʻrsatadi. Ushbu dasturli simfoniyalarning har birida ma'lum voqealar mazmuni ifodalansada, ammo ular bir ma'naviy gʻoyaga birlashgan uchlik turkumini tashkil etadi. Chunonchi, mazmunan A.Soljenisinning "Qamoqxonalar saltanati" asariga bogʻliq 15-simfoniyada inson haq-huquqlarining poymol etilishi masalasi oʻrtaga tashlanadi, uning dahshatli oqibatlari haqida iztirobli sadolar yangraydi. "Ruhlar ingrog'i" nomli 16-simfoniyada esa ana shu yovuzliklarni keltirib chiqarayotgan sabablar fosh etiladi, ma'naviy inqirozdan qutulishning yagona yo'li – bu ruhiy poklanish, iymon-e'tiqodli bo'lish ekanligi kuylanadi va nihoyat, "Somon yo'li" nomini olgan 17-simfoniya mazmunida avvalgi ikki simfoniyaning tabiiy davomi, mantiqiy rivoji kuzatiladi. Bunda hayotmamot borasida teran mushohadalar ilgari suriladiki, ular insonni ma'naviy sergak bo'lishga da'vat etadi.

Xulosa qilib aytganda, M.Tojiyev o'z ijodida jahon miqyosida e'tirof qilingan "simfoniya" janrining mumtoz asoslarini milliy musiqa qonuniyatlari bilan uyg'unlashtirishga muvaffaq bo'ldi. Buning natijasi o'laroq mumtoz o'zbek simfoniyasi yuzaga keldi va uning dovrug'i jahonga mashhur bo'ldi. Bugungi kunda M.Tojiyev simfoniyalari nafaqat O'zbekistonda, balki Qozog'iston, Rossiya, Ukraina, Belarussiya, Bolgariya, Yugoslaviya, Germaniya, Kuba, Avstriya kabi xorijiy mamlakatlarda ham ijro etilmoqda.

Tayanch so'z va iboralar: Simfoniya tushunchasi, simfonik musiqa, o'zbek simfonik asarlari, Ruhlar ingrog'i, kompozitorlar.

Mavzu bo'yicha savol va topshiriqlar

1. Simfoniya tushunchasiga izoh bering.
2. Simfonik musiqa haqida nimalarni bilasiz.
3. O'zbekistonga simfonik musiqaning kirib kelishi.
4. Ilk o'zbek simfonik asarlari haqida nimalarni bilasiz.
5. O'zbek simfonik musiqasida Mirsodiq Tojiyevning ijodi.
6. Mirsodiq Tojiyev jami nechta simfoniya yozgan ?
7. "Ruhlar ingrog'i" nomli 16-simfoniyasi xususida nimalarni bilasiz.
8. M.Tojiyevning 17-simfoniyasi qanday nomlanadi ?
9. M.Tojiyev 1990-yillar mobaynida yaratgan simfoniyalar uchligi uning ijodida qanday ahamiyat kasb etdi ?
10. O'zbek simfonizmiga hissa qo'shgan kompozitorlardan kimlarni ayta olasiz ?

11. Oʻzbek simfonik musiqasi ustida ish olib borayotgan yosh kompozitorlardan kimlarni bilasiz?
12. M.Tojiyev tomonidan yaratilgan simfoniyalar hozirda qaysi mamlakatlarda ijro etilmoqda?

17-mavzu. Kinomusiqa
Reja:
1. Kinomusiqasi tarixidan.
2. Oʻzbek kinomusiqasi.

17.1. Kinomusiqasi tarixidan.

Kinomusiqasi – kino san'ati bilan bogʻliq musiqa janri, kino asarining muhim ifodaviy vositalaridan biri. Dastlab umumiy musiqali joʻrlikni tashkil etib, kinofilm namoyish qilish asboblarining shovqinini bosish uchun moʻljallangan. Bora-bora kino ishlashning muhim sohasiga aylandi. Kinomusiqasi tarixi "ovozsiz kino" (1930-yillarning 2-yarimigacha) hamda "ovozli kino" bilan bogʻliq 2 asosiy bosqichni oʻz ichiga oladi. Birinchisida kino musiqasi, asosan, ijrochilar (yakka sozanda-pianinochi yoki ansambl) tomonidan tanlangan yoki badiha tarzida ijod qilingan musiqa parchalaridan iborat qilingan. "Ovozli kino"da, odatda, har bir film uchun maxsus musiqa yoziladi, ba'zan mavjud musiqa asarlaridan ham foydalaniladi (masalan, hujjatli, ilmiy-ommabop, filmkonsert va boshqa filmlarda).

Kinomusiqasi kino film mazmuni bilan uzviy bog'liq holda, qahramonlarning ruhiy kechinmalarini, dramatik holatlar, ziddiyatlar va boshqalarni badiiy ifodalashga yordam beradi. Chet el kompozitorlaridan M.Nayman (Angliya), N.Rota, E.Morrikone (Italiya), F.Ley, M.Legran, V.Kosma (Fransiya), A.Bisvas, SH.Choudxuri (Hindiston), G.Kancheli (Gruziya), YE.Doga (Moldaviya), I.Dunayevskiy, D.Shostakovich, S.Prokofev, V.Artemev (Rossiya), F.Bahor (Tojikiston), V.Muxatov (Turkmaniston), M.Skorik (Ukraina) va boshqa ijodida kinomusiqaning yorqin namunalari vujudga keldi.

17.2. O'zbek kinomusiqasi.

O'zbekistonda kino uchun maxsus musiqa yozish 1920- yillardan boshlangan. Dastlabki o'zbek filmlariga musiqa yozishda V.Uspenskiy ("Ravot qashqirlari", 1927) va A.Kozlovskiy ("Tohir va Zuhra", 1945)lar o'zbek xalq kuy va qo'shiqlaridan hamda o'zbek bastakorlari ijodidan o'nlab iqtiboslarga tayanishgan.

Keyingi ko'pgina o'zbek filmlarida musiqadan dramatizmni kuchaytirish vositasi sifatida foydalanildi: "Abu Ali ibn Sino" (kompozitor M.Burhonov, 1957), "Furqat" (S.Yudakov, 1959), "Hamza", "Sen yetim emassan" (I.Akramov, 1961, 1963), va boshqalar. Qo'shiq muhim rol o'ynagan dastlabki o'zbek komediyalari 1950-yillarning oxiri, 1960-yillarning boshlarida yuzaga kelgan: "Maftuningman" (Ik.Akbarov, M.Burhonov, M.Leviyev, 1958), "Mahallada duv-duv gap" (M.Leviyev, 1960) va boshqalar.

1960–70-yillarda o'zbek filmlari uchun musiqa yaratuvchilar doirasi sezilarli darajada kengaydi: S.Jalil ("Zulmatni tark etib", 1973), A.Malaxov ("Toshkent – non shahri", 1967), F.Yanov-Yanovskiy ("Qo'g'irchoqboz", 1970; "Mayin yomg'ir yog'adi" multfilmi, 1984 va boshqalar). Ayniqsa, R.Vildanov ijodi e'tiborga molik, 100 dan ortiq filmga musiqa yozdi: "Inson qushlar ortidan boradi", 1975 (Dehli kinofestivalida eng yaxshi musiqa uchun sovrinini olgan); "Triptix" (San-Remo kinofestivalida Gran-pri sovrinini olgan); "Armon", 1987 va boshqalar. 1980-1990 yillarda V.Milov ("Alibobo va qirq qaroqchi", 1980 va boshqalar), M.Mahmudov ("Kelinlar qoʻzgʻoloni", 1985; "Abdullajon". 1994; "Chimildiq", 1998; Buxoro kinofestivali (1999)da eng yaxshi musiqa uchun sovrin olgan va b.), E.Solixov ("Alpomish", 1999), A.Ergashev ("Sharif va Ma'rif", 1992; "Yulduzimni ber, osmon", 1995 va boshqalar ijodi e'tiborga molikdir.

1990 yillarga kelib yosh kompozitorlar ham kino musiqasi sohasida ijod qila boshladi va zamonaviy vositalar asosida kino musiqaning yangi uslublarini yaratishga muvaffaq boʻldilar: E.Pak ("Sindbadning sarguzashtlari" multfilmi, 1993 va b.), D.Yanov-Yanovskiy ("Ulugʻ Amir Temur", 1996; "Voiz", 1998. Anapa kinofestivali (1999)da Gran-pri sovrinini olgan; "Fellini", 1999, Kalkutta kinofestivali (2000)da eng yaxshi film sifatida belgilangan va b.), N.Gʻiyosov ("Bahodir Jalolov", 1991), A.Kim ("Shaytanat", 1999-2000) va boshqalar.

Tayanch soʻz va iboralar: Kinomusiqa, oʻzbek kinomusiqasi, kinomusiqa rivoji, kino olami, yosh kompozitorlar.

Mavzu boʻyicha savol va topshiriqlar
1. Kinomusiqasi xususida nimalarni bilasiz.
2. Oʻzbek kinomusiqasining paydo boʻlishi.
3. Oʻzbek kinomusiqasining tadrijiy rivoji.
4. Mustaqillik davrida yaratilgan kinomusiqa xususida nimalarni bilasiz.
5. Kinomusiqa rivojiga hissa qoʻshgan kompozitorlardan kimlarni bilasiz.
6. Musiqaning kino olamida tutgan oʻrni qanchalik deb hisoblaysiz ?
7. Yosh kompozitorlarning kinofilmlarga musiqa yozish ishlarining jadallashuvi.
8. Hozirgi oʻzbek kinomusiqasining ahvoli.

18-mavzu: Mustaqillik davri o'zbek musiqa san'ati rivoji
Reja:
1. Mustaqillik davrida musiqa san'ati.
2. O'zbek xonanda va sozandalari dunyo sahnasida.

1. Mustaqillik davrida musiqa san'ati. O'zbekiston davlat Mustaqilligiga erishgach ko'p sohalar qatori musiqa madaniyati jabhalarida ham hayotbaxsh o'zgarishlar ro'y bera boshladi. Bu borada, avvalambor, ta'kidning o'rniki, jonajon Vatanimizda musiqa san'atini keng ko'lamda rivojlantirish va ijtimoiy-musiqiy madaniyatni yanada yuksaltirish uchun zarur shart-sharoitlar yaratildi, yosh avlodga milliy va jahon mumtoz musiqasi asosida ta'lim-tarbiya berish yo'lida muhim ishlar amalga oshirildi. Jumladan, bugungi kunga kelib Respublikada yangi barpo etilgan 283 ta (jami 331ta) Musiqa va san'at maktablari, musiqaga ixtisoslashgan 4 ta akademik litsey, 13 ta San'at kolleji, shuningdek, azim Toshkent shahrining markazida ko'rkam bino bo'lib qad ko'targan O'zbekiston davlat konservatoriyasi faoliyat ko'rsatmoqda. Zamonaviy talablarga muvofiq jihozlangan hamda tahsil berishning ilg'or usullariga asoslangan bu ta'lim muassasalarining barchasi barkamol avlodni voyaga yetkazishda muhim ahamiyat kasb etmoqda.

Ildizlari teran, qadimiy va yangi zamon an'analarini o'zida mujassam etgan hozirgi davr o'zbek musiqasi keng ko'lamda rivojlanayotganligini kuzatish mumkin. Bunda xalq musiqa ijodi va xalq havaskorligi, mumtoz musiqiy meros va bastakorlik, kompozitorlik ijodiyoti va musiqiy estrada kabi qatlamlar namoyon bo'ladi. Har biri o'ziga xos qonuniyatlar, xususiyatlar va an'analariga ega bu jabhalarda davr talabi va milliy qadriyatlar kesimida e'tiborli tamoyillar kuzatilmoqda. Mustaqil mamlakatimizda xalqchil va yuksak mumtoz kasbiy musiqa namunalarini avaylab-asrash, yangi zamon ruhi ila ravnaq toptirish hamda nafaqat respublikamiz, balki jahon sahnalari uzra keng targ'ib qilish imkoniyatlari yuzaga kelganligini mamnuniyat bilan qayd etmoq kerak. Bu borada ayniqsa 1997-yildan buyon koʻhna Samarqand shahrida har ikki yilda bir marotaba muntazam oʻtkazilayotgan "Sharq taronalari" xalqaro musiqa festivalining ahamiyati beqiyos boʻlmoqda. Zero, mazkur bayramona tadbir bois bebaho milliy musiqamiz xalqaro sahnalar sari dadil odimladi va jahon hamjamiyati eʼtirofiga sazovor boʻldi. Ayni paytda esa, maʼnaviy goʻzal tuygʻular ila yoʻgʻrilgan Sharq xalqlarining qadimdan mushtarak musiqiy anʼanalarining oʻzaro yanada yaqinlashuviga, bu ilgʻor anʼanalarning jahon uzra targʻib qilinishiga hamda millatlar aro yangi ijodiy hamkorlik rishtalari bogʻlanishiga keng yoʻl ochildi. Qolaversa, shu asnoda jahon xalqlari oʻrtasida tinchlik, barqarorlik va hamjihatlik oʻrnatilishi ishiga salmoqli ulush qoʻshilmoqdaki, shu boisdan ham mazkur musiqa festivali jahonshumul ahamiyatiga molik madaniy hodisaga aylandi, desak mubolagʻa boʻlmaydi. Zero, ushbu xalqaro musiqa bayramiga nafaqat Sharq mamlakatlari, balki qariyb barcha qitʼa mamlakatlari(Fransiya, Polsha, Germaniya, AQSH, Angliya, Avstraliya va b.) dan tinchlik va doʻstlik elchilari oʻlaroq taniqli sanʼatkor va musiqa namoyandalari tashrif buyurishi yaxshi anʼanaga aylanib ulgurdi. Aslida, bu hol bejiz emas. Zero, Oʻzbekiston Respublikasining Birinchi Prezidenti Islom Karimov festival ishtirokchilarini qutlagan tabrik soʻzida toʻgʻri qayd etganidek, "Sharq musiqasi – Sharq falsafasi, Sharq dunyosining uzviy bir qismidir. Sharq musiqasining jahon madaniy merosida tutgan oʻrni benihoya buyuk... Bu musiqa ming-ming yillardan beri odamlar dilini poklab, ularni ruhan yuksaltirib kelmoqda"[24].

Shuni mamnuniyat bilan taʼkidlash joizki, mazkur festival bois oʻzbek mumtoz kasbiy musiqasi (kuy, ashula, suvora, katta ashula, maqom) namunalarining targʻibiga keng yoʻl ochildi. Xususan, Oʻzbekiston xalq artisti Munojot

---

[24] Oʻzbekiston Respublikasi Birinchi Prezidenti I.A.Karimovning "Sharq taronalari" xalqaro musiqa festivalining ochilish marosimidagi tabrik soʻzi.// "Sharq taronalari" jurnali. T., 1999, 3-b.

Yo'lchiyeva 1997 yili, O'zbekistonda xizmat ko'rsatgan artist Dilnura Qodirjonova esa 2005 yili o'tkazilgan "Sharq taronalari" Xalqaro musiqa festivalida birinchi o'rinlarni qo'lga kiritgan bo'lsalar, 1999 yili O'zbekistonda xizmat ko'rsatgan artist Nasiba Sattorova "Sharq taronalari" II- Xalqaro musiqa festivalining bosh sovrini – "Gran-Pri"ga sazovor bo'ldi.

Yangi davrga kelib o'zbek-tojik xalqlari mumtoz musiqasi – "Shashmaqom" jahon sahnalari uzra dadil va shonli odimlay boshladi. Bu borada 2003 yili YUNESKO xalqaro tashkiloti "Shashmaqom"ni jahon nomoddiy madaniy merosining durdonasi deya e'lon qilganligi, 2008 yili esa nomoddiy madaniy meros bo'yicha hukumatlararo qo'mitasining 3- sessiyasida insoniyat nomoddiy madaniy merosi reprezentativ ro'yxatiga kiritilganligi hamda uning an'analarini yangi shart-sharoitlarda saqlash va targ'ib qilishga oid maxsus dasturni qabul qilganligi behad quvonarli madaniy voqea bo'ldi[25].

18.2. O'zbek xonanda va sozandalari dunyo sahnasida.
O'zbek milliy cholg'ulari va ularda ijrochilik san'atining jahon bo'ylab targ'iboti ham tobora keng tus olmoqda. Xususan, O'zbekiston xalq artisti, "Buyuk xizmatlari uchun" ordeni sohibi Turg'un Alimatov va uning farzandi Alisher Alimatovlar o'zaro jo'rnavozlikda tanbur, dutor va sato cholg'ularida o'zbek mumtoz kuylarini 1991 yili AQSH da, 1993 yili Germaniyada, 1995-1997 yillari Angliyada va 1997 yili Fransiyada yuksak mahorat bilan ijro etishga muvaffaq bo'ldilar. Alimatovlar sulolasining shonli ijod odimlarini bugungi kunda yangi avlod vakili, Turg'un Alimatovning nabirasi Abror Zufarov munosib davom ettirmoqda. Bunga, masalan, Abror Zufarovning 2013 yili o'tkazilgan "Sharq

---

[25] Ushbu dastur doirasida bir qator nashrlar yuzaga keldi. Jumladan, qarang: Rajabov I. Maqomlar, –T., 2006; Ibragimov O. Fergano-Tashkentskiye makomi.–T., 2006; Yunusov R. Faxriddin Sodiqov. – T., 2005.

taronalari" IX-Xalqaro musiqa festivalida uchinchi o'rin bilan taqdirlanganligi – yorqin dalildir.

1991 yili tashkil etilgan "So'g'diyona" Davlat xalq cholg'ulari kamer orkestri "Buyuk ipak yo'li" o'laroq qadimda yuzaga kelgan Sharq va G'arb musiqa madaniyatlari aro yuzaga kelgan o'zaro bog'lanish an'analarini yangi davrda davom ettirish yuksak maqsadi bilan o'z faoliyatini boshlagan edi. Ushbu orkestr o'tgan yillar ichida badiiy rahbar va dirijyor F.Abdurahimova boshchiligida Germaniya, Fransiya, Gollandiya, Ispaniya, Misr, Turkiya kabi davlatlarda konsert safarlarida bo'lib, milliy cholg'ularda o'zbek kuylari bilan bir qatorda jahon klassik musiqasi namunalarining ham munosib ijrolarini namoyon etdi. Shuningdek, O'zbekiston kompozitorlaridan F.Alimov, M.Bafoyev, H.Rahimov, N.Norxo'jayev, D.Saydaminova va A.Mansurovlarning "So'g'diyona" jamoasi uchun maxsus ijod namunalari orkestr faoliyatida muhim o'rin tutmoqda[26].

Yangi davr O'zbekiston musiqa san'atida kompozitorlik ijodiyotiga oid simfoniya, musiqali drama, opera, balet kabi murakkab janrlarda Sharq va G'arb musiqa an'analarining o'zaro uyg'unlashuv jarayonlari yangi sifat darajasiga yuksaldi, xalqimizning ko'p asrlik milliy qadriyatlari, ezgu niyat va orzu istaklarini tarannum etuvchi, hamda tarixiy qahramonlarini ulug'lovchi bir qator e'tiborli va salmoqli asarlar yuzaga keldi. Bunga, jumladan, I.Akbarov, M.Tojiyev, T.Qurbonov, M.Bafoyev, M.Mahmudov, R.Abdullayev va D.YanovYanovskiylarning simfonik asarlari, M.Burhonovning "Alisher Navoiy", A.Ikromovning "Buyuk Temur", M.Bafoyevning "Sevgim samosi" operalari, M.Mahmudovning "To'ylar muborak", F.Alimovning "Nodirabegim", "O'lding, aziz bo'lding", "Yusuf va Zulayho", B.Lutfullayevning "Taqdir", "Alpomishning qaytishi", "Bobur sog'inchi" musiqali dramalari, Anvar

---

[26] Toshmatova O. So'g'diyona davlat xalq cholg'ulari kamer orkestri, – T.: Tafakkur qanoti nashr., 2016.

Ergashevning "Humo" baleti, shuningdek, M.Bafoyevning " Buxoroi sharif" teleoperasi hamda "Nodira", "Ulug'bek burji" va "Moziydan nur" kabi telebaletlarini misol keltirish mumkin.

O'zbek akademik xonandalik (vokal) san'ati obro'sini jahonga yoyishda O'zbekiston va Qoraqalpog'iston xalq artisti, xalqaro tanlovlar g'olibi, "Buyuk xizmatlari uchun" ordeni sohibi Muyassar Razzoqovaning xizmatlarini alohida ta'kidlash kerak. Vatanimizda opera san'atining rivojiga o'zining noyob ovozi va ijrochilik mahorati bilan beqiyos hissa qo'shib kelayotgan bu san'atkor vokalistlarning Latviya (1990), Vengriya (1992) va Italiyada (1997) bo'lib o'tgan xalqaro tanlovlarida laureat bo'lishi barobarida o'zbek va jahon mumtoz operalaridagi bosh partiyalar ijrosi bilan Italiya, Rossiya, AQSH, Germaniya, Vengriya, Fransiya va Janubiy Koreya davlatlarida katta muvaffaqqiyat bilan konsertlar berdi.

M.Razzoqova bugungi kunda sahna faoliyati bilan birga O'zbekiston Davlat konservatoriyasining "Akademik xonandalik" kafedrasi mudiri va professori maqomida samarali faoliyat olib bormoqda.

Yosh xonanda, O'zbekiston va Qoraqalpog'istonda xizmat ko'rsatgan artist, "Shuhrat" medali sohibi, "Nihol" mukofot sovrindori Jenisbek Piyazovning ham o'ziga xos noyob ovoz (bas-bariton) san'ati bilan xalqaro sahnalarda erishayotgan ijodiy yutuqlari tahsinga sazovordir. Jumladan, rus romansi yosh ijrochilarining XSH Moskva xalqaro tanlovi laureati, "Bulbul" nomidagi vokalistlarning Baku xalqaro ko'riktanlovi laureati (2010), Moskvada o'tkazilgan Muslim Magomayev nomidagi vokalistlar xalqaro tanlovining "Gran-Pri" sohibi (2012) Jenisbek Piyazov shu kunga qadar Ispaniya, Fransiya, Germaniya, Avstriya, Malayziya, Xitoy, Janubiy Koreya, Rossiya, Portugaliya, Ozarbayjon, Qozog'iston, Turkmaniston kabi ko'plab xorijiy mamalkatlarda o'z san'atini munosib namoyish etib kelmoqda.

Jonajon Vatanimizda shunday iste'dodli barkamol avlod voyaga yetayotganligini yaqinda (2015 yili) Moskvada bo'lib o'tgan "Golos. Deti" loyihasi (2-mavsum) xalqaro tanlovi yana bir karra tasdiqladi. Zero, bu loyiha tanlovida V.A.Uspenskiy nomidagi RIMAL o'quvchisi Sabina Mustayeva g'oliblikni qo'lga kiritdi.

Shuni alohida qayd etish joizki, o'zbek musiqa madaniyati tarkibida qayd etilgan nisbatan navqiron jabha – estrada musiqasi Mustaqillik davriga kelib chinakamiga qad rostladi. Ayniqsa, estrada qo'shiqchiligi sohasi xilma-xil uslub va turfa yo'nalishlari, ohanglar tizimida esa yuzaga kelgan qiziqarli jarayonlari bilan mutaxassis va keng tinglovchilar diqqat-e'tiborini o'ziga jalb etmoqda. To'g'ri, kutilgan ijobiy natijalar sari odimlanish say'-harakatlari doim ham osonlikcha kechmadi. Inchunin, bu jarayonlar o'laroq amalga oshgan samarali ijodiy izlanishlar bilan birga ba'zan ko'chirmachilik, taqlidchilik holatlari ham namoyon bo'lib turdi. Masalan, 1990-yillar boshida bo'y ko'rsatgan estrada qo'shiqchiligida goho G'arb, goho Sharqda mashhur xonanda yoki guruhlar uslubiga taqlid qilish holatlari, shuningdek, o'zga madaniyat ohanglarini to'g'ridan-to'g'ri ko'chirib, she'riy matnlarini "o'zbekchalashtirish" tamoyillari ko'zga tashlana boshlagan edi. Yosh havaskor guruhlari orasida esa rep, reyv, fyujn, texno-soul, ska, regey, lotinrok kabi yo'nalishlarga ko'r-ko'rona ergashish kabi holatlar odatiy tus ola boshladi. Bu kabi holatlar avlodlar tarbiyasida, ayniqsa milliy qadriyatlarni to'la anglab qalbiga jo qilishga ulgurmagan yoshlar ruhiy olamiga salbiy ta'sir ko'rsatishi, pirovardida esa ularni bebaho milliy musiqiy meros boyligiklarimizdan, mohiyatda esa, xalqimiz shuuridan begonalashtirib qo'yish xavfini keltirib chiqarishi muqarrar edi.

Shunday vaziyatda O'zbekiston Respublikasining Birinchi Prezidenti I.A.Karimovning "O'zbekistonda teatr va musiqa san'atini yanada rivojlantirishini qo'llab-quvvatlash va rag'batlantirish chora-tadbirlari to'g'risida" (1995),

"O'zbeknavo" gastrol-konsert birlashmasinin tashkil etish to'g'risida" (1996), "Respublikada musiqiy ta'limni, madaniyat va san'at o'quv yurtlari faoliyatini yaxshilash to'g'risida" (1996), "O'zbekistonda estrada san'atini yanada rivojlantirish to'g'risida" (1998) xususida e'lon qilgan Farmonlari ayni muddao bo'ldi va bu borada bir qator e'tiborli ishlar amalga oshirildi. Jumladan, Toshkent davlat konservatoriyasi (hozirgi O'zbekiston davlat konservatoriyasi) tarkibiy tuzilmasidan estrada musiqasi fakulteti o'rin oldi, o'rta maxsus ta'lim muassasalarida estrada bo'limlari ochildi, Toshkentdagi Estrada-sirk studiyasi esa Estrada-sirk kollejiga aylantirildi. Shu asnoda estrada sohasiga malakali professional mutaxassislarni yetkazib berish ishi yo'lga qo'yildi. Shuningdek, estrada qo'shiqchiligi jabhasida faoliyat ko'rsatayotgan turli avlod vakillari iste'dodini xalqimizga keng namoyon etish hamda ularni moddiy-ma'naviy rag'batlantirish borsida "Ofarin", "Ona zamin yulduzlari", "Nihol" sovrinlarining ta'sis etilishi ham muhim ahamiyat kasb etdi. Tabiiyki, ko'rilgan shu kabi choratadbirlar natijasida O'zbekistonda milliy estrada shakllanishi, rivoji va targ'ibotiga keng imkoniyatlar yaratildi. Bularning pirovardida esa, o'zida prodyuser, eyrpley, klipmeyker va menejerlar[27] faoliyatini birlashtirgan o'ziga xos sanoat (shou-biznes) tizimi yuzaga kelganligini qayd etish kerak. Bunday o'zgarishlar esanafaqat poytaxtimizda, balki Qoraqalpog'iston Respublikasi hamda barcha viloyatlarning yangi ijtimoiy-madaniy hayotida yaqqol ko'zga tashlanmoqda.

Tashkiliy ishlar bilan bir qatorda, o'zbek estrada qo'shiqchiligining shaklu shamoyilida ham muhim

---

[27] Prodyuser – producer – musiqiy shou-biznesda konsert dasturi, albom, klip, CD yozuvidagi albom, shuningdek musiqiy festival va shu kabi tadbirlarni amalga oshiruvchi mas'ul shaxs; eyrpley – airplay – musiqiy Estrada mahsulotlarini targ'ib etuvchi maxsus radio kanallari; klipmeyker – clip maker – klip olishga ixtisoslashagan rejissyor;.menejer – manajer – qo'shiqchi yoki guruh faoliyatini targ'ib euvchi shaxs.

yangilanishlar va sifat o'zgarishlari kuzatila boshlandi. Bu hol, masalan, qo'shiqlarning mavzu ko'lami hamda ulardagi badiiy ifoda vositalarining poydevor asosi bo'lgan ohanglar tizimida yaqqol ko'zga tashlanadi. Xususan, aksariyat yoshlar tomonidan sevib kuylanayotgan qo'shiqlar mazmunida insoniy mehr-muhabbat, sadoqat va do'stlik kabi muqaddas tuyg'ular tarannum etilayotganligi diqqatga sazovor bo'lmoqda. So'nggi o'n yillikda esa ona yurtni madh etuvchi qo'shiqlar tobora ustivor ahamiyat kasb etayotganligi ayniqsa quvonarlidir. Zero, bunday madhiya-qo'shiqlar o'z xalqiga sadoqatli va vatanparvar ruhida tarbiyalangan barkamol avlodni voyaga yetkazishda favqulodda muhim ahamiyat kasb etadi. Bu, albatta, Mustaqillik sharofati ila shodlangan ijodkor qalblarning dil izhori, qolaversa, ularning 1996 yildan buyon o'tkazib kelinayotgan "O'zbekiston – Vatanim manim" respublika qo'shiq bayram-tanloviga yuksak munosabatlari o'laroq munosib javoblari hamdir. Milliy madaniyatimizning tarkibiy qismi hamda yosh avlodga ta'lim-tarbiya berishning muhim bo'g'ini sifatida shakllana boshlagan o'zbek estrada qo'shiqchiligi yangi davrga kelib zamon talablariga mos holda, tarixan qisqa muddat ichida serko'lam ko'rinishlarda ham shaklan, ham mazmunan jadal sur'atlar bilan rivoj topmoqda. Bu jabhada erishilgan ijodiy yutuqli qo'shiqlar taniqli xonanda va guruhlar ijrosida Respublikamizda o'tkazilayotgan muhim sana va bayramlarda, jumladan, Navro'z va Mustaqillik xalq bayramlari tantanalarida, davlat ahamiyatiga molik rasmiy tadbir va yirik nufuzli anjumanlarda, qolaversa, ommaviy axborot vositalari orqali targ'ibu tashviq qilinmoqda.Ma'lumki, estrada qo'shiqlarining qisqa fursat ichida tezda ommalashib ketishi va muxlislar qalbidan mustahakam joy olishida ularning kuy-ohanglari qariyb hal qiluvchi ahamiyatga ega. Bu bejiz emas, albatta. Zero, har bir millatning o'ziga aziz ona tili kabi asrlar qa'ridan kelayotgan hamda xalqning qalb qo'ridan o'rin olgan qadrdon dil ohanglari ham bo'ladi. Milliy musiqaning turli janrlari (qo'shiq, lapar, yalla, ashula, maqom, kuy va b.)da serjilo jonlanish quvvatiga ega bu ohanglarni qalban idrok etish tuyg'usi ila jamiyatning millionlardan iborat ommalari o'zini yagona bir xalq sifatida his etadi. Muxtasar aytganda, musiqiy xazinamiz to'ridan o'rin olgan ko'zga ko'rinmas bu bebaho ma'naviy boyligimiz ayni paytda milliy musiqaning tub mohiyatini belgilovchi qudratli omildir.

Binobarin, milliy estrada musiqasini yaratish istagi bilan yongan har bir san'atkor eng avvalo ana shu boylikni qalban his qilish iste'dodiga ega bo'lishi barobarida yana undan ijodkorona foydalana bilish salohiyatiga ham ega bo'lishi zarur. Soha mutaxassisi D.Mullajonovning ilmiy izlanishlaridan ma'lum bo'lishicha, yangi davr o'zbek estradasida namoyon bo'layotgan turfa ohanglar ummoni quyidagi uch asosiy guruhga bo'linadi:
a) an'anaviy milliy kuy andozalariga bog'langan ohanglar;
b) xorijiy estrada shlyagerlariga taqlidiy ohanglar;
v) xorijiy estrada xitlaridan ko'chirilgan ohanglar[28].

Ushbu tasnifotning ikkinchi va uchinchi bandlarida qayd qilingan, ya'ni, taqlidiy va ko'chirma ohanglarga asoslangan qo'shiqlarning umri qisqa, badiiy qiymati esa milliy qadriyatlar kesimida salmoqsiz ekanligini o'tgan davr mobaynida bir necha bor guvohi bo'ldik. Bu – vaqt hukmi bilan anglashilgan hayotiy haqiqatdir. Qolaversa, endilikda bu kabi holatlar muayyan tamoyil sifatida o'z kuchini tobora yo'qotib ham bormoqdaki, shu boisdan bu xususda batafsil to'xtalib o'tirmaymiz.

Birinchi band mazmuniga muvofiq (milliy ohanglarga bog'langan) qo'shiqlarga kelsak, unda, darhaqiqat, chinakam badiiy yyetuklik darajasiga yuksalgan asarlar milliy ohang andozalariga bevosita yoki bilvosita bog'langanligiga amin bo'lamiz. Bunga, masalan, A.Nazarovning "Vatan azizdir",

---

[28] Mullajonov D. 1990-yillar o'zbek musiqiy estradasida ohang muammosi. Nomzodlik dissertatsiyasi (qo'lyozma). Toshkent, San'atshunoslik instituti kutubxonasi, inv. № 1002, 64-bet..

F.Zokirovning "Yurt iishqida yonaman", Rayhon G'aniyevaning "Yolvorma", Safiya Saftarovaning "Vatan – yagonadir", Rashid Holiqovning "Ey, aziz yurtim", Azim Mullaxonovning "Shaytanat" kabi qo'shiqlarini misol keltirish mumkin. Bu jarayonlar serunum va samarali bo'lishga O'zbekiston kompozitorlari – N.Norxo'jayev, R.Abdullayev, H.Rahimov, A.Mansurov, A.Rasulov, D.Omonullayeva, M.Otajonov va X.Hasanovalar o'zlarining barakali qo'shiqchilik ijodiyotlari bilan muhim ulush qo'shdilar.

Ulug' ajdodlardan bizga musiqiy meros qolgan aytim (yalla, qo'shiq, lapar va b.) namunalariga estrada yo'sinida sayqal berish uslubi – o'zbek ommaviy qo'shiqchiligida namoyon bo'layotgan yana bir muhim badiiy tamoyildir. Bu tamoyil qo'llangan musiqiy meros namunasi mazmun-mohiyatiga muvofiq ikki ko'rinishda – (1) halq qo'shiqlari aranjirovkasi va (2) mumtoz musiqiy namunalariga estrada yo'nalishida qayta ishlov berish tarzida namoyon bo'ladi[29].

Xalq qo'shiqlarini estrada yo'sinida kuylash tamoyiliga aslida "Yalla" guruhi repertuaridan o'rin olgan "Yumalab, yumalab", "Yallama-yorim", "Qarg'alar", "Boychechak", "G'ayra-g'ayra", "Majnuntol" singari xalq qo'shiqlarining folk-rok uslubidagi ijroviy talqinlarida asos solingan edi. Shuningdek, Nasiba Abdullayeva, G'ulomjon Yoqubov, Kozim Qayumov, Kumush Razzoqova kabi ardoqli san'atkorlarimizning mazkur tamoyilga aloqador qo'shiq ijrolaridan xalqimiz ma'naviy bahramand bo'lgan edi.

Yangi davr o'zbek estrada qo'shiqchiligida bu tamoyil rang-barang ko'rinishlarda rivojlanib borayotganligi kuzatilmoqda. Chunki endilikda bu tamoyilga Respublikamizdagi deyarli barcha viloyat va tuman hududlarining o'ziga xos folklor namunalari jalb etilgan, desak mubolag'a bo'lmaydi. Xususan, el sevgan mashhur

---

[29] Xonandalik san'ati: jahon va o'zbek milliy an'analari. – Toshkent: "San'at" jurnali nashriyoti, 2009, 228-234 bb.

xonandalar – Ozodbek Nazarbekov, Gulsanam Mamazoitova, Ravshan Komilov, Alisher Turdiyev, Nuriddin Haydarov, Muhriddin Holiqov, Ilhom Farmonov, shuningdek, "Toshkent", "Shofayz", "Nola", "Shahzod" guruhlari ijrosidagi qo'shiqlarda Farg'ona-Toshkent mahalliy uslubiga xos ashula, lapar va yalla namunalarining xos sifatlari ufurib turadi. Masalan, vodiyda keng tarqalgan yalla janri xususiyatlari qatorida uning muayyan namunalarining estrada sayqali G.Mamazoitova ("Ajab, ajab", "Olicha"), Larisa Moskalyova ("Shodashoda marvarid"), Malika Egamberdiyeva ("O'ynasin") va Alisher Turdiyevlarning («Bilmadingizda») ijrochiligida yorqin namoyon bo'ladi[30].

Surxondaryo vohasining o'zgacha boy mahalliy musiqa namunalari Mahmud Namozov, Ravshan Namozov va Sayyora Qoziyevalar ijrochiligida ustivordir. Bunga ular ijrosidagi "Ohu-voh", "Oybuloq", "Surxondaryo qizlari", "Baxshiyona", "Sog'inch", "Yaxshi odamlar", "Qo'ng'iroti", "Boybola", "Bedana chertmak", "Nigoh", "Ha dursi", "Yaqu-yaq", "Lolacha" va yana boshqa ko'plab qo'shiqlar dalil bo'lishi mumkin. Shunga o'xshash tamoyil namunalarini boshqa viloyatlar mahalliy musiqasi misolida ham kuzatiladi.

Bu yerda shuni ham ta'kidlash joizki, xalq musiqa ijodi namunalarining estrada qiyofasiga tobora jadal kirib borish tamoyili jahonning qariyb barcha yirik markaziy shaharlariga xos jarayon bo'lib, bizning madaniyatimiz kesimida esa bu jarayon yana yosh estrada sohasining milliylashuvi bilan ham bog'liq kechmoqda. Aksariyat hollarda, yosh avlod vakillarining turfa musiqiy folklor bilan ilk "tanishuvlari"aynan shunday badiiy jarayonlar vositasida ro'y bermoqda. Binobarin, xalqimizning mavsumiy marosim qo'shqlaridan tortib to qo'shiq, terma, lapar, yalla, ashula singari aytimlarigacha ("Yomg'ir yog'aloq", "Boychechak",

---

[30] Turg'unova N. Farg'ona vodiysi yallachilik san'ati. – Namangan: Namangan nashriyoti, 2016, 205-220 bb.

"Marvarid", "Um-ufu", "Majnuntol" va boshqa) o'z davrasiga tortayotgan ushbu estrada yo'nalishi musiqiy folklorning shahar sharoitida o'zgacha yashash shakli va targ'iboti sifatida baholanishi o'rinli bo'lsa kerak[31]. Mumtoz musiqa namunalarini estradaga "tortish" tamoyili ham bir qadar e'tiborli natijalarni berdi. Har holda hozirgi kun musiqa muxlislariga Farg'onatoshkent maqom yo'llaridan "Dugoh-Husayn 1" va Orifxon Hotamovning "Xoh inon" ashulasi – "Nola" guruhi ijrosida, Yunus Rajabiy ijodiga mansub "Kuygay" ashulasi – Aziz Rajabiy ijrosida, Muxtorjon Murtazoyevning "Farg'ona tong otguncha"si – To'lqin Haydarov ijrosida, Komiljon Otaniyozovning "Dog'iman" – Jahongir Otajonov ijrosida, Doni Zokirovning "Ey sabo"si –Salohiddin Azizboyev ijrosida manzur bo'lganligi bu tamoyilning ham istiqbolidan dalolat beradi.

Shu bilan birga yosh avlodni, jumladan, maxsus ta'lim muassasalarida tahsil olayotgan talabalarni xalq musiqa ijodiyotining asl nodir namunalariga oshno etishni ham unutmaslik kerak. Bu borada o'zbek musiqasiga doir fan ("Hududiy musiqiy uslublar", "Xalq kuylarini notalashtirish", "O'zbek xalq musiqa ijodiyoti") lar mazmunida bu masalaga alohida e'tibor berish va talabalar ishtirokida mahalliy joylarga imkon qadar musiqiy-folklor ekspeditsiyalarini uyushtirish maqsadga muvofiqdir.

Ma'lumki, mumtoz musiqiy merosimizning eng ulkan qismini maqom ijodiyoti tashkil etadi. Bugungi Mustaqil O'zbekistonda maqomotning uch asosiy turi - Buxoro Shashmaqomi, Xorazm maqomlari va Farg'ona-Toshkent maqom yo'llari musiqa amaliyotida joriy bo'lib kelmoqda. Asrlar davomida xalqimiz qalbidan mustahkam o'rin olib, uning jon ozig'i bo'lib kelgan mumtoz maqomlar hozirda jadal shakllanayotgan milliy mafkuramiz uchun ham bebaho

---

[31] O'zbekiston san'ati (1991-2001 yillar). – T., "Sharq" nashriyot-matbaa aksiyadorlik kompaniyasi bosh tahririyati,107-118, 135-140 bb.

ma'naviy qadriyatlardan ekanligini unutmaslik kerak. Shu bois bu san'atning ommaviy tashviqotiga, ayniqsa radio va televideniye vositalarida keng targ'ib etish ishiga yanada jiddiyroq e'tibor berish zarur. Shundagina biz musiqiy voqeligimizda tobora dolzarb bo'lib borayotgan milliy ohang muammosini ijobiy hal etish borasida muhim zamin hozirlagan bo'lamiz.

Yuqorida bayon etilgan fikr-mulohazalarni umumlashtirgan holda, quyidagilarni alohida ta'kidlash o'rinlidir:

– O'zbekiston musiqa san'atining eng yangi davrdagi hayoti respublikamizda amalga oshirilayotgan siyosiy, iqtisodiy, ijtimoiy tub islohotlar bilan bog'liqdir. Unga xolisona baho berilar ekan, endigi musiqiy muhit, bir tomondan, milliy tiklanish, ma'naviy poklanish yo'lidagi ijtimoiy-madaniy jarayonlarning katta oqimiga tutashganinni, boshqa tomondan esa, bozor iqtisodiyotiga o'tish davriga xos murakkabliklarga duch kelganini ko'rish mumkin.

– O'tgan yigirma besh yil mobaynida avvalo eski mafkura tazyiqi va ta'siri illatlaridan butunlay xalos bo'lish, burungi soxta baynalmilallik asoratlaridan qutilish osonlikcha kechmadi. Ayni paytda musiqa san'atida teran milliylik, xalqchillik va taraqqiyparvarlik yo'lidan borish, musiqiy ijodiyot, tegishli ilmiytadqiqot, targ'ibot va tashviqot muassasalari hamda tashkilotlarning maqsad va vazifalarini qayta ko'rib chiqish, ularning tuzilmalarini yangilash, maxsus o'quv yurtlarini to'g'ri yo'naltirish borasida talaygina ishlar amalga oshirildi.

Tayanch so'z va iboralar: musiqa madaniyati, mahalliy uslublar, musiqa va san'at maktablari, maqom ijrochiligi, estrada san'ati, o'zbek opera ijrochilari, ko'rik tanlovlar.

Mavzu bo'yicha savol va topshiriqlar

1. Mustaqillik davri musiqa madaniyatining rivoji.
2. Mustaqillik davrida musiqa ta'limiga bo'lgan e'tibor.
3. Mahalliy uslublarga xos ilmiy tadqiqot ishlari xususida nimalarni bilasiz?
4. O'zbek musiqasini dunyoga tanitayotgan o'zbek qiz va

yigitlaridan kimlarni bilasiz.
5. Mustaqillik davrida Bolalar musiqa va san'at maktablariga bo'lgan e'tibor xususida nimalarni ayta olasiz?
6. Istiqlol sharofati bilan o'zbek milliy musiqa merosiga bo'lgan e'tibor qanday bo'lmoqda?
7. Telivideniye va radioda namoyish etilayotgan turli maqom ijrochiligi ko'rsatuvlariga munosabatingiz.
8. Sizningcha mumtoz musiqani targ'ib qilish uchun yana qanday ishlarni amalga oshirish kerak deb hisoblaysiz?
9. Mustaqillik davrida estrada san'atida qo'lga kiritilgan yutuqlar haqida nimalarni ayta olasiz.
10. Opera ijrochiligi bo'yicha qo'lga kiritilgan yutuqlar xususida nimalarni ayta olasiz.

FOYDALANGAN ADABIYOTLAR RO'YXATI.

1. O`zbekiston Respublikasi Vazirlar Maqkamasining "Sharq taronalari" xalqaro festivalini o`tkazish to`qrisidagi qarori. - Toshkent. 1997 y, 11 mart.
2. Mirziyoyev SH.M. Buyuk kelajagimizni mard va olijanob xalqimiz bilan birga quramiz. – T.: O'zbekiston. 2017.
3. Ashbrook, William. Donizetti and His Operas. – Cambridge University Press, 1983.
4. Galatskaya V. Zarubejnaya muzykalnaya literatura. – M.: Muzyka. 1978.
5. Gruber R.I. Vseobщaya istoriya muzyki. – M.: Muzyka. 1960.
6. Druskin M. Istoriya zarubejnoy muzyki. T.4. – M.: Muzyka. 1960.
7. D'erlanger. B.R. La musique arabe. Tome IX. Paris: Libraire orientaliste Paul Geuthner, 1938.
8. Ibragimov O. Fergano-Tashkentskie makomi. - Tashkent: Media Land, 2006. - 175 c.
9. Ibrohimov O. Yangi davr o'zbek musiqasiga doir. // San'at jurnali. – T. 2016 yil, 2-soni.
10. Интерпретация музыкального произведения в контексте культуры. Сборник труд. вып. 129. – М.:

Музыка., 1994.
11. Karomatov F.M. O'zbek xalqi muzika merosi XX asrda. I-kitob – T.: G'afur G'ulom nomidagi Adabiyot va san'at nashriyoti, 1978.
12. Karomatov F.M. O'zbek xalqi muzika merosi XX asrda. II-kitob. – T.: G'afur G'ulom nomidagi Adabiyot va san'at nashriyoti. 1985.
13. Келдыш Ю.В., и др.история русской музыки. Т.1-4. – М.: Музыка. 1983.
14. Levik B. Chet el musiqasi tarixi. – T. 1981.
15. Musiqa ijodiyoti masalalari. Maqolalar to'plami. 2-kitob. – T. 2002.
16. Marcant, Tanya. Woman musician of Uzbekistan: from Countyard to Conservatory. USA. Californiya. 2017.
17. Mirhaydarova Z. Jahon xvlqlari musiqa san'atining rivojlanish jarayonlari. – T. 2009.
18. Mulla Bekchon Raqmon o`qli, Muqammad Yusuf Devonzoda. Xorazm musiqiy tarixchasi. (Badiiy muqarrir va nashrga tayyorlovchi B.Matyoqubov) - Toshkent: Yozuvchi, 1998. - 86 b.
18. Nazarov A. Forobiy va Ibn Sino musiqiy ritmika xususida (Mumtoz iyqo nazariyasi). – T. 1995.
19. Nosirova Y. Rus musiqasi tarixi. – T. 2009.
20. Rajabov Isqoq. Maqom asoslari. (R. Yunusov taqriri ostida). Toshkent: 1992. - 116 b.
21. Rajabov I. Maqomlar. – T.: San'at. 2006.
22. Rajabov Isqoq. Maqomlar masalasiga doir. - Toshkent: O`zadabiynashr, 1963. - 299 b.
22. Romen Rollan. Gendel. – M.:Muzika. 1984.
23. Сипин Г. Проблемы психологии творчества композитора и его работа. – М. 1991.
24. Sposobin V. Musiqa shakli. – T. 1983.
25. Trigulova A. Xorijiy musiqa adabiyoti. – T.: ILM ZIYO. 2009
26. Turg'unova N.M. Farg'ona vodiysi ayollar san'ati. – Namangan. 2017.

27. Tursunova R., Tursunova G. Jahon musiqa tarixi. – T.: Voris. 2017.
28. Fitrat A. O'zbek klassik musiqasi va uning tarixi. – T. 1993.
29. Farmer G.N. Studies in oriental musical instrument. Glasgow, 1939.
30. Холопова В. Музыка в мире искусства. – М., 1994.
31. Xudoyev G'.M. G'ijjak cholg'usi ijrochilik an'analari. – T.: Muharrir. 2014.
32. Yunusov R.Yu. O`zbek xalq musiqa ijodi. 2-qism. (o`quv-uslubiy qo`llanma) - T.: Ziyo chashma, 2000. - 56 b.
33. O'zbekiston san'ati (1991-2001 yillar). – T. 2001.
34. O'rmonova L. Rus musiqasi tarixi (darslik) – T. 2011.
35. Chet el musiqasi tarixi. Ma'ruzalar matni. / to'plovchi: A.E. Qo'shayev. – Buxoro. 2006.

Internet saytlari
1. www.ziyonet.uz – O'zbekiston ta'lim portali
2. O'zbeknavo EB
3. http://www.uzbekteatrskm.uz- "O'zbekteatr" IIChb
4. http://www.muz-urok.ru/ Noti, knigi o muzike, uchebniki po muzike.
5. http: //lib-notes.orpheusmusic.ru/news
6. www.compozitor.spb.ru/
7. www.sanat.orexca./rus/
8. http://yontheatre.uz/istoriya/

www.ingramcontent.com/pod-product-compliance
Lightning Source LLC
LaVergne TN
LVHW010215070526
838199LV00062B/4593